NONG JING SHI YE

农经视野

《粮油市场报》编

主　编　刘新寰　裴会永
副主编　石金功

河南大学出版社
HENAN UNIVERSITY PRESS

·郑州·

图书在版编目（CIP）数据

农经视野 /《粮油市场报》编 . — 郑州：河南大学出版社，2019.4
ISBN 978-7-5649-2693-9

Ⅰ. ①农… Ⅱ. ①粮… Ⅲ. ①农业经济发展－研究－中国 Ⅳ. ①F323

中国版本图书馆CIP数据核字（2019）第060903号

责任编辑	林方丽
责任校对	陈　巧
封面设计	郭　灿

出版发行	河南大学出版社
	地址：郑州市郑东新区商务外环中华大厦2401号　邮　编：450046
	电话：0371-86059712（高等教育与职业教育出版分社）
	0371-86059701（营销部）
	网址：www.hupress.com
印　刷	河南文华印务有限公司
版　次	2020年1月第1版
开　本	710mm×1000mm　1/16
字　数	127千字
印　次	2020年1月第1次印刷
印　张	7.75
定　价	20.00 元

（本书如有印装质量问题，请与河南大学出版社联系调换）

前　言

激荡粮农产业新未来

停工、破产、跑路……近年来，受国内外经济形势的冲击，国内一些传统行业陷入困境，一些民营企业艰难生存。面粉行业的转型已经悄然开始。与多数企业在抱怨不同，这些企业或跨界转型，或抱团发展，或者趁机展开扩张，凭借创新与担当，逐渐成为市场的新宠。

从主食产业化，到农业资源开发，再到大健康产业，作物的潜能在不断地被挖掘、功能不断地丰富，粮农产业呈现出百花齐放、百舸争流、高质发展的喜人局面。土地流转如何转、"毒地"修复、农业互联网，等等，这些深层次的"三农"难题，又无不亟待一一破解。

在业界对油脂行业的一片唱衰声中，四川浓香小榨异军突起，使波澜不惊的食用油市场涟漪迭起。"农区变景区、田园变公园、农房变客房、产品变礼品"，油菜花经济的传导效应还带动了当地旅游、土特产销售等的快速发展，展示了"一二三产融合"的魅力之姿。

中国农耕文化博大精深，作物种植奥妙无穷。巴彦淖尔小麦、山西杂粮、温县铁棍山药，这些区域品牌的传奇故事，更进一步突出展现了中国独特的新经济地理及地域经济脉动。探寻其发展背后的偶然与必然、创新与创造，对于做大做强做优原产地特色品牌具有现实意义。

这是一片广阔无垠的田野，这是一池清澈见底的春水，这是一幅气势恢宏的粮农产业全景画卷。虽然本书呈现的只是产业浪潮中的一个侧面，但却折射出我国粮农产业的非凡历程和曲折涟漪。

可以预见，未来相当长的一段时间，粮农产业改革的步伐不会停止，而改革的方向就是市场化。在深入实施乡村振兴战略的大背景下,农业理应会带给我们更多的想象空间。

编者

目 录

产经篇
Chan-jing Pian

土地流转更放心 …………………………………………… 003
种粮大户"毁约弃耕"初现 ………………………………… 006
"毒地"修复，也能有景看有钱赚 ………………………… 011
主食产业可望实现"三级跳" ……………………………… 016
"互联网+"下的大农业里程 ……………………………… 020

米面篇
Mimian Pian

走私背景下的进口大米 …………………………………… 027
优质稻育种赶超日本 "好吃"大米迎商机 ……………… 030
每亩万元种大米 农业高端认购谁埋单 …………………… 034
石磨面粉"扛大梁" 还需跨过"健康关" ………………… 038

油脂篇
Youzhi Pian

四川："油菜花"探路三产融合 ···045
绿化富农两不误　木本油料贡献大 ···048
12位专家同声：对油脂加工与营养谬论说"不" ·························052
冷榨油价格普遍较高　加工业仍需培育 ····································057

食品篇
Shipin Pian

马铃薯主食化，是近还是远 ···063
鲁花：自然鲜开启净酿酱油"新时代" ··068
面包与大米的"邂逅" ···072
拒绝"胖馒头"　无铝泡打粉产业待兴 ···075

区域品牌篇
Quyu Pinpai Pian

巴彦淖尔：中国强筋小麦地标 ··081
恒丰集团：优质"河套"雪花粉缔造者 ···085
守望中国最优质的麦田 ···088

山西：昔日"杂粮王国"变"杂粮厨房"················091
　　汇丰粮业：让"五台山"牌小杂粮享誉全国··········095
　　臣丰食业：将"苦荞茶深加工"进行到底············096
　　三晋大地杂粮香································098
铁棍山药传奇······································100
　　红峰合作社：抱团打品牌　山药变金条············107
　　健国怀药：健康行天下　怀药第一品··············110
　　路漫漫其修远兮································113

中国粮油书系（第三卷）
农经视野

产经篇

Chan-jing Pian

土地流转更放心

□ 潘俊强

2016年，中共中央办公厅、国务院办公厅印发《关于完善农村土地所有权承包权经营权分置办法的意见》，提出完善农村土地所有权、承包权、经营权分置，简称"三权分置"。分置后，对经营人和承包人分别有什么样的影响？要防范什么风险？对山东的调查发现，经营者和承包者觉得土地流转更放心。

***

"土地（经营权）流转给别人，以后要不回咋办？荒着起码还是自己的。""交给大户打破户与户之间的界限，规模化种植，地界都没了，以后咋找俺的地？"

土地流转，流转的是土地的经营权。想起村里土地确权前，一些进城打工的村民宁愿把地撂荒，也不愿意流转，山东省临清市老赵庄镇由庄村村主任张庆文觉得，流转土地太难了。

而另一头，种植大户也郁闷不已：一片地，就那么三五户，自己不种也不流转，没法成方连片，耽误了规模化作业。"土地是农民的命根子，村民们其实在担心自己的承包权呢！"张庆文说。

/ 经营者：地可以生钱了 /

"这在以前不可想象，承包权和经营权没分开时，农户可不允许租地人用自己的地去抵押贷款呢！"山东寿光"80后"大学毕业生齐炳林2016年解了资金之愁。恰逢中国人民银行在232个地区试点农村承包土地的经营权抵押贷款，他利用承包的86亩土地的14年经营权和地上附着物——育苗大棚作抵押，成功获得了100万元的银行贷款。

过去想扩大育苗规模，齐炳林空有一身育苗的本事却融不到资金。如今，农村土地权属由原来的集体所有权、承包经营权"两权"变为"三权"分置，租地的种植大户有了融资新渠道。

合作社、种植大户借人家的地去贷款，万一经营不善怎么办？农民会吃亏吗？寿光市农商行行长郎咸鹏说："还不上贷款，到最后处置抵押物时，处置的也只是这块土地的经营权，对农户的承包权没有影响。"比如，银行通过寻找下家"接盘"再来搞土地经营，照样还得付给农户当初约定的土地租金。

"三权分置，经营权可抵押贷款，有利于盘活农村的资源、资金、资产，增加农业中长期和规模化经营的资金投入，促进农民增收致富和加快发展农业现代化。"中国人民银行寿光支行行长姜森说。

/ 承包者：有证才安心，交易要透明 /

怎样才能让农民放心把经营权流转出去？流转出去，对承包户有啥好处呢？

张庆文认为，想放活农村土地经营权，就得保障好农民对土地的承包权。

"为农民的土地确实权，颁铁证，给农民吃上定心丸。"山东省农业厅厅长王金宝说。保障好农民权益，下一步再搞"三权分置"就相对容易得多，也会让土地流转更顺畅。

而交易环节的保障，同样重要。

里岔镇大孟慈村村南星岭岭地33亩，每亩每年500元；胶西镇尹家店一村办公楼东侧（7.53亩）荒地公开租金每亩每年800元……近日，在胶州市农村产权交易中心大厅，电子屏上，一行行的土地、实物等出让和供求信息不断滚动显示。在交易咨询、申请受理、资格审查、资产评估、抵押登记等一个个窗口，工作人员正在忙着为农民办理业务。

在齐鲁农村产权交易中心总裁李英华看来，私下进行的土地流转不规范，权益得不到保障。山东构建"省、市、县、镇"四级农村产权交易服务体系，制定交易规则，加强交易监管，提供交易鉴证。

在这里，土地经营权、林权、水域滩涂养殖权、农村集体股权等都可以交易。以土地经营权流转为例，农民只需参与申请和合同签订两个环节，其余工作均由产权交易中心负责，交易过程全部免费，出价高者中标，进一步保护和提高了土地转出方的权益和收益。

"俺家每亩价格比以前高300元。"里岔镇的农民孙秀英说。她原先以每亩500元的价格租给别人种，在交易中心挂出土地后，经过竞拍，她以每亩800元的价格与种粮大户梁玉芳达成流转意向。

有了农村产权交易中心，供需双方可以较快找到合适的对象，流转效率有了大幅提高。"以前得到处打听，价格也得和村民反复商量。"青岛成嗣蔬菜专业合作社社长杜高古说，"现在在这里登记需求信息，不久就有了回音。"

当然不是所有的地块都"热门"。不少农户只有三五块"插花地"，地块太小，即使挂到农村产权交易中心，也很少有人"接盘"。

针对农村产权交易中心公示但未能达成交易的土地，胶州探索成立"土地银行"。"农民提出土地流转申请，如无人报价，都由'土地银行'进行托底接收。"胶州市农村产权交易中心的一位工作人员说。

据介绍，土地经营权存入"土地银行"，农民可以收取存入的"利息"，等收储多了起来，"土地银行"再将整块土地"贷"给种植合作社、种植大户等新型农业经营主体。通过"零存整贷"的形式，不仅不让农民的土地撂荒，还实现了农村土地的规模化、集约化经营。

截至2017年2月上旬，胶州市产权交易中心完成土地流转交易1010宗，林权交易79宗，实物资产交易411宗，合同交易金额29,507.2万元，通过交易实现村级增收5731.1万元。

种粮大户"毁约弃耕"初现

□ 潘林青　叶婧

因2015年和2016年玉米价格持续走低,山东不少种粮大户种植积极性下降,出现"毁约弃耕"现象。随着种粮大户退地,不少农村土地流转价格大幅走低。人们一度担心的粮价下降引发工商资本种粮积极性受挫,在早春的山东粮食大县已开始出现。应对种粮大户退地,补贴成为关注焦点。

***

天气转暖,山东不少地方春耕备耕工作拉开序幕。因2015年和2016年玉米价格持续走低,山东不少种粮大户种植积极性下降,出现"毁约弃耕"现象。

随着种粮大户退地,不少农村土地流转价格大幅走低,与往年相比每亩约下降一两百元,降低了农民收入。基层干部群众担心,如果种粮大户频频"毁约弃耕",土地流转价格走低,恐将影响农民收益和粮食安全。

种粮大户为自保"毁约弃耕"

山东省武城县地处鲁西北平原,是传统农业大县。2014年,在北京做红木家具生意的老闫在武城县流转了8749亩土地种植小麦、玉米两季作物,流转期限为10年,租金一年一付。然而,笔者近日再次来到他的农场时,发现那里已人去楼空。

"这两年,我因粮价过低赔了1600万元,去年就干不下去了,现在已经回到北京继续做生意。原先流转的土地退给了农民,农场已经建好的房屋也免费送给了朋友。"老闫说。

武城县丰旺家庭农场负责人于秀全也刚刚退掉了三年前从农民手中流转过来的100多亩土地,截至2017年2月中旬还剩400余亩流转土地。"原来和农民签合同时说好了租5年,今年实在是租不起了,没办法只好委托村主任挨家挨户退地。"于秀全说。

在武城县,像老闫、于秀全这样"毁约弃耕"的种粮大户还有不少。武城县农业局种植业管理科科长刘敏介绍,截至2016年12月31日,武城县有1000亩以上的种粮大户1户、500亩至1000亩的种粮大户3户;而2015年,这两个数字分别为6户、23户。

种粮大户"毁约弃耕"的行为在山东其他农业大县也并不鲜见。菏泽、济宁等地不少种粮大户反映,这两年玉米价格下跌幅度太大了,他们难以承受。2015年和2016年的玉米价格每公斤比2014年便宜七八毛钱,按玉米亩产600公斤计算,这两年每亩少收入四五百元,"种地越多,赔钱越多",为了自保只能"毁约弃耕"。

对于种粮大户"毁约弃耕"的行为,不少农民很无奈。"大户跟我说,要是不接受退地,今年租金就付不起了,还不如现在接受退地,年底损失不至于太大。大户不按合同办事,我们农民没办法啊,只能盼着政府给协商协商。"济宁一名农民说。

受访的"三农"专家认为,2014年以前粮价较高时,我国不少地方都出现了土地流转热潮,一些原先农业领域以外的"新手"带着资金涌入农村,贪多贪快流转土地,当遭遇自然灾害、粮价下跌等突发状况时难以有效应对，选择"毁约弃耕"，不仅伤害了自身利益，还影响了农民收益和粮食安全。

/ 土地流转价格走低 /

据了解，还有一些种粮大户虽然没有"毁约弃耕"，但也无法按照原先合同规定的土地流转价格支付农民租金。

山东省临邑县一名种粮大户介绍，表面上看他2017年还是按照合同约定，给农民900元/亩的土地租金，实际上这个价格降了125元。因为原先125元/亩的小麦直补都是给散户农民，2017年他和散户农民协商后留在了自家账户上，这等于土地流转价格下降了125元/亩。

武城县农乐粮蔬种植合作社理事长庞春安原来与被流转土地的农民约定的租金为1000元/亩，2017年也降为830元/亩。"再按以前那么高的租金，没开始干就先赔上了。没办法，只能降低租金了。"庞春安说。

笔者在山东多个农业大县走访发现，2017年种粮土地的流转价格普遍下降了一两百元。种粮大户们说，土地的流转价格与粮价存在联动效应：粮价低了，大户们收益低了，土地的流转价格必然下降。

庞春安说，2012年玉米价格为2.6元/公斤时，土地流转价格曾上涨到1200元/亩；2014年玉米价格为2.2元/公斤时，土地流转价格大多降为1000元/亩；2017年玉米价格降为1.5元/公斤时，土地流转价格降为800元/亩甚至更低。

武城县农业局一名干部认为，这是种粮大户和流转土地的农民博弈的结果。这几年种粮收益比前几年每亩少了三五百元，种粮大户和被流转土地的农民只能各承担一半，要不土地流转协议就很难维持下去。所以说，粮价下跌的苦果，只能是两方一起消化了。

土地流转价格大幅走低也降低了散户农民的种粮积极性。山东多名种粮大户反映，最近主动把土地流转给他们耕种的散户农民越来越多。"我们附近有一个村，一共有1000多亩土地，最近有800多亩都要交给我经营，农民都不愿意种地了。我也不敢接，怕赔。"山东一名种粮大户说。

济宁农民王建国介绍，原先将土地流转给种粮大户，自己可以安心外出打工。现在大户把地退给他了，种也不是，不种也不是。自己种的话，耽误外出打工；不种的话，地撂荒让人笑话。思来想去，最后只好把地免费交给在家的邻居种了。

/ 补贴种粮大户是否可行？/

种粮大户普遍反映，当前粮价低，他们大多是微利保本经营，有些还赔钱勉强支撑。如果粮价继续低迷，还会有更多大户选择"毁约弃耕"。

临邑县富民家庭农场是德州市首家家庭农场，流转了3000亩土地种植小麦、玉米。富民家庭农场负责人魏德东算了一笔账，2016年，他家农场小麦和玉米的平均亩产分别为530公斤、630公斤，售价分别为2.4元/公斤、1.5元/公斤，总计收入为2217元/亩；小麦、玉米从种到收各环节的总投入为2081元/亩；综合计算下来，每亩净利润136元。

"从表面上看，种地还能赚钱。但我计算的成本中，没有计算农场中11个人的工资，以及农机具的折旧。如果将这两项成本加入，我去年不仅没赚钱，可能还赔了钱。"魏德东说。

"我流转了300亩地种粮食，一家四口人辛辛苦苦一年下来只收入了五六万元。再这样下去，还不如把地退了，我一个壮劳力外出打工都比这赚得多。"临邑县广新家庭农场负责人李广新说。

因此，要想从根本上防止"毁约弃耕"现象发生，还要从提高大户收益做起。继而，土地流转价格也会上涨。据魏德东测算，小麦价格在2.5元/公斤左右、玉米价格在2元/公斤左右，种粮大户能保本并维持正常运转；如果小麦、玉米比这两个价格高，种粮大户能盈利，种粮积极性就会很高；而现在小麦价格为2.4元/公斤左右、玉米价格为1.5元/公斤左右，种粮大户普遍亏损。

"再这样下去真不行，国家需要管管。"山东不少种粮大户希望国家能够出台与市场粮食价格挂钩的种粮大户补贴。

在种粮大户规模种植下，普通农户的利益一度成为关注的焦点。当前，粮价下跌，给种粮大户补贴是否可行？

武城县农业局局长张学丰、临邑县农业局局长王凤海等基层农业干部认为，从现实操作层面来看，国家有关部门可先测定一个能让种粮大户保本微利的小麦和玉米"目标价格"，当市场粮价低于"目标价格"时启动种粮大户补贴，补贴金额为（"目标价格"－市场价格）×种粮亩数；当市场粮价高于"目标价格"时则不启动种粮大户补贴。建立健全种粮大户"挂钩型"补贴机制，既尊重市场规律，又保护好了种粮农民的利益。

此外，还要开展农村土地流转服务体系和农村土地承包经营纠纷调解仲裁体系规范化建设试点。德州市一名农业干部认为，基层普遍存在农村土地流转服务体系和调解仲裁体系人员缺乏、人员素质不高、必要的工作设备和工作经费短缺等问题，远远不能满足当前土地流转发展的要求；希望上级在全国范围内开展农村土地流转服务体系等相关试点，探索规范化建设经验，进而逐步规范土地流转，引导适度规模经营发展。

有专家表示，针对种粮大户"毁约弃耕"的行为，除了加强利益保障，有关部门还要加强防治力度，加强对种粮大户履约情况的监管，并对部分造成恶劣影响的"毁约弃耕"大户进行惩处，防止损害多数农民利益事件的发生。

"毒地"修复，也能有景看有钱赚

□ 潘少军

　　土壤修复需要建立长效机制，科技与产业推广并重。江西贵溪探索重金属污染土壤修复机制，仅让土壤镉含量达标，就需治理10年左右。植物吸附的办法让修复看到曙光，评定标准尚在制定。降低成本，提高经济性，让修复也有产出，才能长效治理。

＊＊＊

　　"发现蚯蚓粪！""发现蚂蚁！""发现苔藓！""发现蘑菇！"……在一棵4年龄的香樟树脚下，正在扒拉灌草的中国科学院南京土壤研究所研究员周静，为这一连串"重大发现"兴奋得叫起来。
　　香樟树种在江西省贵溪市滨江镇柏里村九牛岗地区的重金属污染土壤中。随行的当地护林员老江，对周静的"失态"有些不解：不就是蹦出了几只小虫子嘛，科学家就喜欢小题大做！但对周静来说，这些"底栖生命"是传送佳音的"小天使"。"前不久，它们还没来这里安家落户，现在居然拖儿带女来了，说明这片修复区的生物多样性正在恢复。"

20世纪八九十年代，因受周边企业"三废"污染影响，在九牛岗地区的土壤中，铜、镉等重金属含量超标，其中重度污染面积2075亩。2010年，九牛岗土壤修复工程被列入国家重金属污染防治示范项目，中国科学院南京土壤研究所成为中标单位。经过5年多的治理，如今土壤中的有效态重金属浓度下降50%以上，植被覆盖率达100%。

/ 重金属污染导致耕地功能丧失 /

在一块重度污染区内，只见溪水潺潺、草木葱茏，根本看不到重金属污染的影子。远处的大片水稻田与周边景观一起，形成一派田园风光。走近观察时才发现，田里的稻株异常矮小，且叶片泛黄，稻穗间杂黑色。

"这就是我们用于研究的'镉大米'，也就是俗称的'毒大米'，可不能食用。"周静说。这块严重污染的"毒地"，经过一定程度的治理，才能种出这种水稻，但现在其中的镉含量仍高达0.7毫克／千克。如果经常食用，会导致骨质疏松，患上"痛痛病"。20世纪六七十年代，日本在快速工业化过程中，因重金属污染问题，导致不少人患上这种奇怪的"痛痛病"。

联合国食品准则委员会规定每千克大米的镉含量不超过0.4毫克，欧盟的规定是不超过0.2毫克，我国的标准也是0.2毫克。显然，上述水稻的镉含量严重超标，离达标还有很长的一段路要走。

跑来"看热闹"的当地村民陈火旺，下田摘来一串"镉稻穗"，发现谷子的灌浆较差，还杂有一些黑色的死谷子。"估计亩产也就是200来斤，远低于正常的700斤左右。"陈火旺介绍说，"前几年，由于污染过重，这块田里的水稻全部烂根死掉了，最后变得寸草不生。经过几年修复治理，现在至少能长出稻子了，我们总算有盼头了！"

据周静估计，按截至2016年10月的治理情况，让这块田镉达标成为可耕地，还要花10年左右；如果算上其他重金属污染治理的时间，还要更久。

公开资料表明，我国耕地土壤点位超标率为19.4%，重金属污染超标问题突出，镉是其中的首要污染物。"工矿企业排放污染物、农田施放化肥和农药、畜禽养殖用药等，都有可能造成土壤和农作物中的镉污染超标。"贵溪市环保局总工程师王璞阳表示，最好的治理办法就是杜绝源头污染，因为修复的难度和所需时间远远超出想象。

/"排毒"需要精选技术路径/

如何进行土壤修复？就是将土壤中的重金属提取出来，并将其转移到安全之处。

土壤重金属污染具有移动性差、滞留时间长、不易被微生物降解等特点，其治理和修复难以一次到位。过去，人们常采用比较粗放的办法，比如在南方的一些酸性红壤地区，人们撒入碱性石灰，降低土壤酸性，减少重金属活性，从而减少农作物对重金属的吸附量。

"但这只是权宜之计，解决不了根本性问题，还会使土壤退化、板结等。"周静表示，"对于人少地多的国家，土壤修复只需休耕或轮耕就可以了；但对于人多地少的中国，不仅要解决重金属污染问题，还要让修复的土地尽快能够重新耕种，因而难度更大。"

周静表示，目前最合理的技术路径，就是有针对性地改变土壤中的重金属活性，然后利用植物来吸附、提取和转移。

哪些植物的"提取功夫"更好呢？为了做好对比实验，周静引种了巨菌草、香根草、海州香薷、伴矿景天等数十种植物，发现它们各怀绝技。海州香薷本身对重金属具有强吸附力。据测算，在重度污染区，如果利用海州香薷来提取土壤中的镉元素和铜元素，分别需要10年和60年左右能达到我国的食用农产品产地环境质量评价标准，即可作为农耕地来耕作。

修复好不好，谁说了算？我国土壤修复工作尚处于摸索阶段，还没有具体的修复标准。周静带领的团队正在协助制定相关国家标准。除了常规的土壤修复标准，为了评定修复土壤的健康状况，也许还要制定蚯蚓、线虫、螨虫以及微生物等单位数量标准。

制定土壤修复的国家标准，仅仅是一个基础性工作。实际上，从应用层面看，我国的土壤修复工作需要综合考虑生态效果、二次污染、修复成本、经济效益等问题。

/ 土壤修复需产业化推进 /

修复是个吞钱的事,如何让其持久推进,当地政府和科技工作者想了不少办法。

要修复污染地块,使用市场上购买或实验室制备的土壤调理剂,成本高昂,如果没有前端产业链支撑,实验证明可行的办法也难以推广。怎么办?经过调查研究,周静发现,利用附近燃煤发电厂成本极低的废炉灰,通过改性处理,做成的土壤调理剂也同样有效,而且大幅降低了前端成本。

被证明有效的吸附植物也必须有经济价值,才有可能大面积推广。从东非引进的巨菌草等"能源草"就让科学家们眼前一亮。虽然它们对重金属的吸附比例与普通植物差不多,但由于单位面积的生物量大,所以吸附效果不错。同时,这些草"身高体壮",可长至2米多高,每亩干草产量高达4~5吨,相当于2吨标准煤的燃烧热值。用它们做生物质油料或燃料,有较好的经济价值。2015年,附近有一家生物质发电厂拉走了700亩巨菌草,既解决了发电厂燃料不足的难题,又让农民获得了收益。若以生物质发电厂每吨290元的收购价计算,每亩产值可达1200元左右,比种植水稻的收益还高。

引入"观赏产业链"也是一个好办法。周静团队与贵溪市政府合作,引入江西嘉禾落羽杉农业开发有限公司,种下了香樟、落羽杉、广玉兰等景观绿化植物,取得了初步成效。据落羽杉公司负责人朱斌介绍,他们共流转了2000亩受污染土地,公司从2012年开始种植这些景观植物,截至2016年10月每亩苗木市值约7万元,前不久刚卖了300多棵香樟,总金额近10万元。其余的香樟树在栽种3年后,也可逐步进入市场,前景很好。对于被流转土地的农民,当地政府按每亩500斤稻谷的价格给予补贴,农民也因此获得了一定补偿。

据王璞阳介绍,经过多年研究实践,贵溪确立了分类治理办法,"贵溪模式"逐渐成形。在重度污染区,主要种植观赏性好的本地树种,植被覆盖度逐渐达到85%以上,以实现生态恢复为主要目的;在中度污染区,种植有经济价值的纤维、观赏或经济林木等植物,以获取较好的经济效益;

在轻度污染区，在保持原有农作物耕作的基础上，持续进行土壤调理，力求实现粮食作物达到食用标准。

"除轻度污染区外，在重度和中度污染区，由于修复情况复杂，我们认为不再适合种植水稻等食用型农作物。"周静表示。前年，在当地政府支持下，周静租下一处300多亩的轻度污染区进行实验。他用300多公斤土壤调理剂进行修复，并请当地农民继续种植水稻，结果令人兴奋。"经过两年的种植调理，如今稻米的镉含量基本达标，说明我们的办法有效，可以进一步推广应用。"

主食产业可望实现"三级跳"

□ 胡增民

主食产业化项目与纺织、石化等传统的工业项目相比,具有投资小、效益稳定周期长、与农业地区资源结合紧密等特点,将成为农业和粮食主产区的支柱性产业。破解主食需求供应间的矛盾,是行政主管部门、加工企业,尤其是产业经济理论界共同面对的问题。

* * *

2016年4月23日,经过早晨一场雷雨的洗礼,河南郑州更显得万木葱茏,绿意浓浓。在此间举行的"中国主食产业化高层论坛"上,专家学者、管理部门领导、企业家等共聚一堂,进行了深入研讨。

/ 在创新中提升 /

在过去的"十二五"期间,对于主食加工业而言,似乎是迎来了"春天"。馒头、鲜面条，这些一日三餐不起眼的主食，不仅社会关注度提升，而且政策环境优化、发展速度加快。

2012年，曾被业内人士称为"主食产业化元年"。这一年，农业部和国家粮食局先后推出支持主食产业化发展的政策，随后河南、山东、山西、安徽、江苏等粮食主产大省迅速跟进，也先后出台了专项扶持政策。

中国粮油学会营养分会副会长、全国面制主食产业技术创新战略联盟副理事长屈凌波教授在演讲中特别从产业经济学的角度，以河南兴泰科技实业有限公司为例分析了主食产业化理论的提出，以及近年来以科技创新为主导，系统创新的实践成果。同时他也特别提出，未来主食产业化要健康持续发展，仍需要持续的、全方位的创新。

屈凌波称，改革开放之后，随着人们生活节奏的加快和消费水平的提高，从城市到农村，主食逐步由家庭自制向社会化供应转变。我国米面主食产业空间在1万亿元左右，其中面制主食达6000亿元。

在屈凌波看来，受经济、技术等条件制约，产业升级步伐迟缓，供应与需求之间存在着巨大差距。目前主食的生产以地摊、夫妻店、小作坊为主体，维持着"现蒸现卖"的销售方式。

破解主食需求供应间的矛盾，是行政主管部门、加工企业，尤其是产业经济理论界共同面对的问题。

屈凌波表示，实践表明，主食产业化项目具有投资小、市场稳定、效益释放持续周期长的特点，将是产业结构优化的亮点。在政府的支持下，以企业为主导，对作坊进行整合，使政府、企业、作坊、消费者在产业化推进中分别受益。

河南省科学技术厅农村科技处副处长王备战也特别提到，产业联盟是产业技术创新的新形式之一，希望各单位齐心协力，解决全国主食产业发展中带有全局性、战略性和关键性的科技瓶颈问题。

/ 培育新的增长极 /

长期从事产业结构理论研究的面制食品国家地方联合工程研究中心主任刘晓真教授，被媒体誉为"主食产业化之父"。他在题为《以主食产业化为示范,促进新型经济增长极的发展》的主旨演讲中,提出了"农业资源开发"和"大健康产业"应成为我国两个经济增长极的理论观点。他特别结合主食产业化利用前沿学科技术和优化工业手段实现全产业链系统创新的经验,说明了主食产业化的发展为其提供了可借鉴的模式。

与会代表注意到,刘晓真在演讲中反复提到,主食产业拥有2万亿的产值空间。在他看来,主食产业化只是农业资源开发的一个环节。

利用当代先进的科学技术,通过系统开发,在粮、果、草、林、蔬、药、畜、渔等领域可培育形成数百个类似的体系,即使是100个如主食产业化的板块,也会形成200万亿元的规模,完全可以完成由产业亮点到产业集群,再到新型增长极的"三级跳跃"。

而在大健康产业发展中,更应突出其产业功能,弱化政府功能,从而平衡社会功能。只有产业功能做大了,才能真正实现大健康产业辐射面广、吸纳就业人数多、拉动消费作用大的特点。刘晓真认为,主食产业化项目与纺织、石化等传统的工业项目相比,具有投资小、效益稳定周期长、与农业地区资源结合紧密等特点,将成为农业和粮食主产区的支柱性产业。

从主食产业化,到农业资源开发,再到大健康产业,农业资源和主食产业的功能在不断地丰富。刘晓真勾勒了一个规模庞大的产业经济版图。

长江学者特聘教授、中国农业大学食品科学与营养工程学院副院长江正强博士提出,食物消费倾向关系到国家命脉——农业的兴衰,还关系到资源合理利用、环境保护、能源节约和国家民族的可持续发展。

/"十三五"再发力/

值得一提的是,自2012年以来,河南兴泰科技实业有限公司整合20余年来形成的技术和产业优势,在全国推进主食产业化示范项目建设,已经在全国合作建立了近20家主食示范企业,通过引入科技化、标准化、机械化、商业化手段,以"多福多"为模式,使主食加工业改变了"基因",彻底走出了散、小、乱的小作坊、大作坊模式,成为一个全新的现代主食产业集群。主食产业化的发展方式和路径为"农业资源开发"和"大健康产业"提供了示范和模板。

事实上，主食产业化正在跃升为"国家发展战略"。武汉轻工大学食品科学与工程学院丁文平教授在《"十三五"粮油加工业发展规划建议》中指出，大力推进主食产业化发展，加快传统米面制品的主食工业化发展，进一步提升其社会化供应能力，探索主食品供应与"放心粮油"、应急供应、军粮供应、成品粮储备"五位一体"融合发展。

"互联网+"下的大农业里程

□ 王盟

这是一个全面互联网的时代,这是一个电子商务从城市逐渐蔓延到县城、乡村的时代。互联网思维已经成为时下最为流行的思维,将"互联网+"与传统行业相结合也成为一种趋势。对于传统粮油企业,如何拥抱互联网是一个值得深思的问题。当然,大米加工行业也不例外。

* * *

互联网金融是金融模式的一个大革新,通过"众筹"等模式,集合社会中的闲散资金,去帮助那些需要解决问题的企业或者个人。这种模式摆脱了银行或者投资担保公司的中间风险,将贷款人和借款人直接联系起来,实现效率最大化。

2015年7月16日,东方集团股份有限公司发布公告称,公司控股子公司北京东方天缘粮油营销有限公司(下称"东方天缘"),拟于近期在民生电子商务有限责任公司(下称"民生电商")旗下投融资平台民生易贷开展融资项目。

项目到期后，东方天缘将以返还指定商品作为还款方式，返还指定商品后东方天缘将不再支付给投资人相应的本金及收益。

据了解，东方天缘隶属于东方集团旗下的东方粮仓有限公司（下称"东方粮仓"）。这是东方粮仓首次试水"互联网金融＋农业"项目，联手民生电商旗下投融资平台民生易贷推出"五常大米"众筹理财产品，消费者可在民生易贷上购买，3个月后本息将全部以"东方粮仓在黑龙江五常生产园区指定地块产出的2015年第一批稻花香Ⅱ号五常大米"直接邮递给消费者。

对于一直拘泥于如何融资和拓展销路的大米加工企业而言，这是一种新的尝试。

/ 解决融资的新渠道 /

阳老板是湖南省永州市一家大米厂的负责人。由于现在稻强米弱的行情严重，获得充足的资金保证企业持续发展是企业的头等大事，但是收购原粮、加工以及拓展市场都需要资金支持，终端市场的大米产品回款周期又比较长，产业链可谓十分紧张。他说，没有别的融资渠道，除了传统的中国农业发展银行就是商业银行渠道，另外政府也会对企业给予一定的资金支持，其他的贷款渠道要么风险太大，要么对大米加工企业的高风险性望而却步，丧失了贷款的可能性。

很多大米企业会拓展一些增收的渠道，比如成为中储粮的收购点，获得一些保管和仓储费用，比如研发一些新的科研项目或者技术，获得国家高新企业技术支持，等等，但这对于每年庞大的原粮收购费用都是杯水车薪，无法打通上下游产业链，企业的资金链仍然面临巨大的风险。

"这两年储粮环节出了不少问题，收购点减了不少，2015年我们成为中储粮收购网点的概率不高，因此这笔额外的费用也挣不到了。"江西南昌一大米加工企业负责人坦承。在湖南省绿海粮油有限公司董事长贺洪林看来，每年从托市粮中拿到的保管费用和仓储费用也寥寥，对于解决企业的资金问题意义不大。

东方天缘模式无疑提供了一种大米加工企业插上"互联网金融"翅膀的借鉴，借助众筹的模式，在知名的互联网金融平台民生易贷上开展融资项目，一方面解决了资金难题，一方面用指定商品还款的模式也为企业的商品——大米提供了销售渠道，取得了一举两得的效果。

不难看出，东方天缘开了这个先河，值得很多大米企业去学习和借鉴，尤其是那些资金压力较大，但产品又颇具特色，有一定市场占有率的有机大米企业。此次东方天缘融资500万元，三个月期限，最终还款的商品也是全国知名的有机五常大米，这些都是吸引消费者的重要内容，这也为此次众筹做了充分的准备，打下了良好的基础。

不过相比传统的融资渠道，互联网众筹的模式附加的条件也值得大米加工企业谨慎选择。首先，众筹的费用和时间必须在可控范围内，不能太多，时间也不能太长，一般是一个水稻产品的一个生产周期；其次，企业的产品必须在全国，至少在当地有一定的知名度和市场空间，有一批固定的消费人群。这两者都是保证众筹成功的重要因素。与此同时，一个合适的互联网金融融资平台也是大米企业必须考虑的地方。东方天缘的投融资平台民生易贷背靠民生电商，在业内颇具影响力，这也是推动众筹成功的重要方面。

/ 提升品牌概念 /

当然，对于那些"财大气粗"、大米年销量在数十万吨的大米企业而言，互联网金融的众筹模式至多只是在一个项目上"玩一票"。毕竟他们已经在业内耕耘多年，与诸多银行都有良好的合作关系，资金问题比较容易解决，互联网的作用更多体现在品牌知名度的提升和电商平台的构建上。

东方集团股份有限公司总裁孙明涛介绍说，该众筹项目意在减少农产品交易的中间环节，重塑"五常大米"这一品牌，有望推进东方粮仓向现代农业生产服务商转型。

减少农产品交易的中间环节，对于大型大米加工企业而言，是必须慎重考虑的地方。如今大米的销售过程从大米出厂开始，之后经过层层的经销商和中间商，到达消费者手中的价格已经翻了几番。而互联网的模式似乎就是在帮助这些企业打造属于自己的电商平台，砍掉中间的经销商环节，将中间的利润收回公司降低成本，或者直接回馈给消费者，让消费者真正享受到价廉物美的大米产品。

"将公司的优质产品作为众筹的回报回馈给投资者，这也是一把双刃剑。如果公司的大米产品过硬，那么这批众筹的投资者将成为公司品牌宣传的重要力量。他们大都拥有一定的社会地位和资产，社会影响力不俗。如果产品出现一点问题，不仅众筹的可能性会大大降低，并且公司品牌的知名度也会大打折扣。"一位不愿透露姓名的大米企业负责人如是表示。

以上问题都需要大米企业谨慎面对。东方天缘开启了一种新的模式，但是是否成功依然需要观察。即使成功，成功的模式能否复制，能否在不同的土壤生根发芽，也尚未可知。

/ 开启电商之门 /

"虽然国内农产品电商发展存在诸多问题，但是政府还是积极鼓励农产品电商的发展。2015年中央一号文件及《政府工作报告》都在支持电商、物流、商贸、金融等企业参与涉农电子商务平台建设。因此，如何找到适合自身发展的成功路径，是所有农产品电商企业需要思考的问题。"商务部特聘专家、中国食品（农产品）安全电子商务研究院院长洪涛介绍。

北京粮食集团有限责任公司（下称"北京粮食集团"）"点到网"首席运营官李学伟表示："未来10年间，70%左右的商务都会以电子商务形式展开。电子商务要成功，真正的模式应该是聚资源、创共赢的发展。我们的电商园区是平台，实现商品共享、服务共享、合作共赢。而'点到网'是渠道，可以实现商品互联网销售、B2B（企业对企业）分销为一体的销售通路。因此，北京粮食集团'点到网'也希望在发展电商的道路上与各大企业携手创造共赢。"

与此同时，这是一个全面互联网的时代，是一个电子商务从城市逐渐蔓延到县城、乡村的时代。县域经济是中国经济的重要组成部分，县域电子商务领域也成为电子商务的涉及领域。阿里巴巴集团在全国推广"千县万村"电子商务项目，京东也把触手深入农村电子商务领域，传统的粮油企业、中国基层的农民开始和当下最为流行的互联网结合起来。

农产品电商专家、吉林云飞鹤舞农牧业科技有限公司董事长莫问剑认为，如今是发展互联网的一个非常好的时期，以吉林省通榆县为例，地区政府的扶持、推动和企业的双重推动结合，全县涌现了400多家网店，农产品销往全国23个省，销售额从200万元上升到3000多万元，部分产品原产地批发价甚至上涨10%，通榆县也因此成为网上知名的"杂粮杂豆之乡"。

众所周知，对于传统粮油企业而言，如何拥抱互联网是一个值得深思的问题。对此，莫问剑有自己的看法。"一方面你得找到新的增长点，用新型手段打造品牌；一方面实现渠道再造，推动经营方式的变化，比如做一些深加工，以销定产等。尤其是O2O（线上到线下）是解决物流配送的突破口，拥抱互联网不只是做网店，要全渠道走'直供'之路。"莫问剑说。

"粮油的量整体比较大，我们曾经试着在一个渠道卖大米，结果，粮油配送上出现了难题。粮油包装也是影响粮油产品线上销售的主要因素。更重要的是，粮油产品不是标准的网上销售的产品，线上和线下必须相融合。"莫问剑说。

在莫问剑看来，"互联网+"不仅是一种工具，也是一种能力；不仅是一种要素，更是一种系统；不仅是一种概念，更是一种思维；不仅是一种态度，更是一种精神。

中国粮油书系（第三卷）
农经视野

米面篇

Mimian Pian

走私背景下的进口大米

□ 王盟

近年来,关于大米走私的新闻再次甚嚣尘上。业内人士表示,进口大米的成米价格与国产大米碎米价格不相上下,而走私大米价格则更低,严重扰乱了国内的大米市场。随着中国对越南大米进口的减少,越南大米出口下滑速度加快,这对于一直受到进口大米冲击的国内企业无疑是个好消息。

***

成都海关通报2016年四川大米走私案件,2.44万吨越南大米、缅甸大米在四川13个窝点"变脸",案值1.1亿元,涉嫌偷逃税4052万元。

贵阳海关缉私局的报告显示,2016年打击的三起大米走私案件,涉案金额超过1亿元,涉税近2000万元,创云南省打击大米走私纪录。

而在为期一年的全国海关打击走私"国门利剑2016"联合专项行动中,农产品走私是打击重点之一。2016年上半年,全国海关查获大米等粮食走私犯罪案件22起,案值5亿元,涉嫌偷逃税2亿元,主要犯罪手法是通过非设关地偷运走私进口。

2016年越南大米出口减少了近200万吨。越南农业部出口部门表示，2016年成为越南大米出口最悲惨的一年。据越南海关总署最新报告显示，2016年大米出口量只有480万吨，营业额2.1亿美元。2016年中国降低了越南大米进口量，下降了70万吨，而菲律宾也降低了60万吨。

不知道走私的大米数量越南是否计算进去，但不可否认，随着中国对越南大米进口的减少，越南大米出口下滑速度加快，这对于一直受到进口大米冲击的国内企业无疑是个好消息。

/"尴尬"的进口米/

自国家加大进口大米力度之后，进口大米以其廉价对国产大米展开冲击，进口大米与国产大米的差价也让不少人铤而走险，从国外市场，尤其是越南市场大肆走私大米。

据业内人士表示，进口大米的成米价格与国产大米碎米价格不相上下，而走私大米价格则更低，严重扰乱了国内的大米市场。

2015年以来，国内稻米加工企业饱受进口大米以及"稻强米弱"现象的冲击，企业经营出现了一定程度的困难。不过数据显示，越南2015年出口到中国的大米数量为210万吨，2016年下降到140万吨，不到越南大米出口量的三成。

在尝到数年的甜头之后，来自柬埔寨、越南等地的廉价进口米遭遇了危机。据了解，由于中国的原因，百万吨越南大米滞销。新华社报道指出，越南前江越兴米业公司总经理阮文敦认为，中国加大边境走私打击力度，规范大米进口渠道，并增加从缅甸和柬埔寨等国进口大米，是2015年越南大米出口锐减的原因。他预计中国今后将加强低价多货源的大宗大米进口，这使得越南大米必须面对廉价大米货源，特别是来自泰国大米的竞争。

众所周知，从绝对数据来看，进口大米只占国产大米数量的百分之几，2016年国家大米进口配额只有532万吨，而我国每年稻米产量在2亿吨以上，进口大米的绝对数值并不高。国家之前加大大米进口无非是为了平抑市场价格，如今进口大米，尤其是走私的进口大米影响了国内大米的市场格局，再加上政府调整大米进口格局，防止越南大米一家独大，这都让传统的进口大米市场出现许多变数。

"自我国扩大大米进口以来，影响了整个世界的大米进口格局，越南、柬埔寨、巴基斯坦等国的大米蜂拥而至，与国内大米进行竞争。而一旦降低大米进口量，依赖我国的大米出口国就面临大米滞销的命运，同时国内的大米加工企业也获得了喘息的时机。"业内人士指出。

/ 利益和挑战 /

"大米走私这么猖獗，无非是因为进口大米价格和国内大米价格之间巨大的差额。国内南方市场稻强米弱也让国内大米价格不断抬高，与国外进口大米的差距越来越大，形成恶性循环。"江西鹰潭一位不愿透露姓名的老板说。

这无疑都是利益的诱惑。走私大米看重的是利益，国内大米企业反映进口大米的冲击看重的也是利益，国家之前引入进口大米平抑市场行情看中的也是政策和市场利益。

近段时间行情发生了变化，国内大米进口数量锐减，进口大米在市场上对国产大米的冲击力量变弱。

"其实进口大米绝对数量也不大，但是主要集中在一些主销区，如福建、广东、广西等地，这些也是南方国产大米的销售地。进口大米拉低了市场价格不说，由于品质不高，客观上也拉低了整体大米的品质。近段时间这种情况有所改善。"广东清远市一位大米经销商如是说。

对于那些创新求变的企业而言，在当前背景之下，他们除打造自己的品牌之外，早就学会了如何最大限度地降低自己的产品成本，比如设置不同的产品体系，按照KPI（关键业绩指标）原理进行管理，实现效益的最大化，或者在产品中掺入廉价进口米，等等。

"配米已经成为行业习惯了，尤其是在国产大米中掺入进口米来降低价格。这些企业还积极参与临储水稻拍卖，获取更多的大米进口配额，借以降低成本。"湖南省益阳市一大米企业老板表示。

如今国家严厉打击走私，治理粮食市场秩序，为大米加工企业竞争创造了一个良好的环境，这算是给大米加工企业带来的利好消息，但这是外部环境的改善，真正要改变现状还得依靠自身的核心竞争力。当然这是一个长远的过程，很多企业还有很长的路要走。

优质稻育种赶超日本 "好吃"大米迎商机

□ 赵瑞华

我国有7000多年的水稻栽培历史,可谓当之无愧的水稻故乡。日本大米会成为部分国人追捧的热点,与国内消费需求的变化密不可分。一直以高产、保证大众口粮为目标的国内水稻育种,面对消费需求的新变化,是否到了由"高产"转向"好吃"的调整期?

***

跨海越洋扛回的日本大米,被曝产自国内,一场全民参与的"日本大米是否比国内大米好吃"的公共争论,以这样一种滑稽的方式落幕。

相比被部分国人追捧的日本大米,国产大米能否满足国人日益"挑剔"的嘴巴?国产优质大米相比日本大米有何差距?一直以高产、保证大众口粮为目标的国内水稻育种,面对消费需求的新变化,是否到了由"高产"转向"好吃"的调整期?

/"好吃"大米受追捧/

我国有7000多年的水稻栽培历史,可谓当之无愧的水稻故乡。日本大米会成为部分国人追捧的热点,与国内消费需求的变化密不可分。

据介绍,20世纪70年代,日本经济开始崛起,稻米消费也进入过剩时代,"更好吃的大米"成为日本国民消费的新需求,自此日本农业工作者开始把提高大米食味值作为下一阶段育种的最重要目标。

随着国民生活水平的提高、食物多元化的呈现,加之体力劳动强度的减弱以及人口老龄化水平的不断提升,国内人均大米年消费量呈现下降的态势,大米消费开始从"吃饱"向"吃好"逐步转变。

吉林省粮食专家刘笑然介绍说,随着大米供给的宽松,国内水稻品种选育也应该更加注重大米的品质,培育优质的食用品种,提高大米的食味值。

"日本的一些大米品种,为了保持大米的食味值,通常会提前一周到十天收获,以控制大米中的蛋白质含量。因为蛋白质含量一旦超过一定的数值,会影响大米的口感。"刘笑然表示。

据了解,随着我国人口平均热量需要的下降,未来粮食需求的增长很可能落后于人口总量的增长,甚至可能抵消因收入增长、消费结构变化而增加的粮食需求,优质品种将会逐渐成为水稻育种的发展方向。

"国内的优质水稻育种是从20世纪80年代开始,原则就是首先外形要好看,不然消费者不中意;其次要好加工,不然加工过程中长粒籼稻很容易产生碎米;最重要的则是要好吃,而如何让其好吃则牵涉到很多数据。"中国水稻研究所副所长、优质水稻育种专家胡培松介绍说。

/优质稻育种不比日本差/

越光、秋田小町、一目惚……朗朗上口的日本优质大米品种,经过此轮"抢购日本大米"的公共性争论之后,开始被更多的国内消费者熟知,也让国内许多优质稻米"相形见绌"。

国产优质大米相比被追捧的日本大米是否"矮人一头"？中国工程院院士、水稻育种专家陈温福认为，国内优质东北粳稻到处都是，像五常的"稻花香"，品质上绝对超过日本的"越光"米。国内水稻育种多年来一直以高产为基础出发点，因为我国与日本的国情不同，我们的水稻生产首先要满足大众化的口粮需求，保证口粮绝对安全，但我们在优质水稻品种选育方面并不比日本差。

谈到春节期间国内游客抢购日本大米的事件，陈温福则表示，个别国人购买的"一目惚"大米，基本都是产自国内又少量出口到日本的"农林313"，其品质绝对赶不上日本的"越光"米，更赶不上五常的"稻花香"。

黑龙江省著名水稻专家肖青玉也表示，东北地区的大米以好吃而闻名，其实早在20世纪80年代之后，东北粳稻的育种已经不再单纯追求高产，而是产量与品质并重，即优质而稳产。

在国内最著名的东北大米产地黑龙江省五常市，被称为"稻花香之父"的田永太介绍说："'稻花香2号'是一个典型的优质水稻品种，现在每年我们在对它进行提纯、扶壮的同时，还在进行新的品种研发，目的就是寻找到适合五常地区种植、品质更为优秀的水稻种子。"

田永太表示，目前手中已有几个品质更好的稻种品号，新品种选育过程中的首要目标就是品质要赶上或者超越"稻花香2号"，同时要考虑其抗寒性、抗倒性，产量也要跟得上。

刘笑然则强调，日本人对水稻种植要求相对严格，尤其是对自家食用的大米，并且在收割、储藏、加工、消费各环节都比较重视对大米口感的保障，这也非常值得我们学习。

/ 优质大米迎机会 /

日本大米被抢购，一方面反映出部分消费者盲目跟风的消费习气和猎奇心理，一方面也折射出国内大米消费需求的新变化。国内中产阶级消费群体的不断壮大和对大米品质的重视，或令优质大米消费迎来新的市场机会。

肖青玉认为，从大米消费来看，我们早已进入"吃得饱"的时代，要求"更好吃"的消费群体不断壮大。

目前国内大米市场上一些主打有机、生态的大米企业，已经开始在优质稻种植方面走出一条新路。

长春国信集团是一家多元化经营的企业集团，近年开始涉足有机、生态农业的种植。国信集团柳河农业公司种植负责人姚祥存说："目前基地种植的主要是'五优2号'，是吉林省水稻研究所从'稻花香2号'中培育出来的一个长粒水稻品种。水稻研究所专家在种植期的指导也让水稻种植更合理、更科学，以种出更为优质的大米。"

从大米加工企业的角度来说，肖青玉认为，产品质量是企业的生命线。从长远发展来看，大米加工企业肯定要培育自己的品牌，主打优质、高端米，那么就需要优质的水稻原粮和种子，因而更加注重品质的优质水稻育种将有更多的市场空间。

谈到水稻育种是注重大米品质还是注重产量时，陈温福院士则认为，从我们国内的大米供给形势来看，可能某些年份会略有剩余，但大势仍是紧平衡，因此，我们不能因为满足小部分人的消费需求而牺牲大部分老百姓的口粮安全，国内水稻育种仍需要以保障口粮消费为主。

胡培松也表示，目前国内的水稻育种也不是只以产量为主，对其后加工出来的大米品质也很重视。消费者对大米品质的要求越来越高，这就要求我们对水稻育种更加重视品质，但国内水稻育种也不能因此单方面重视优质稻，还是要高产优质并重。

每亩万元种大米　农业高端认购谁埋单

□ 付嘉鹏

虽然平均25元/斤的大米单位定价遭到舆论的质疑，但"e亩良田"的运作方式，保证了产品的产地、加工、供应，在各个环节增加的实时监控提高了透明度，确实不失为一种独到的方式。"e亩良田"将逐步转化为农副产品的高端购买平台。

***

河南郑州市民刘明最近正在为创业一事四处奔走。

"我在市郊租了40亩地，想着做点儿生态农业。"刘明初步的打算是，将这块儿地打造成市民的私人领地，吸收一定的会员，各个会员承包并管理自己的"一亩三分地"，而刘明带领的团队负责管理及后勤工作。

问及刘明为何会有这样的想法，她反问说："这样做现在难道不流行吗？"

近几年，许多大城市开始兴起一句话——"自己做地主"。许多公司打着"私人领地"的旗号，借着缓解工作压力的口号，吸引那些崇尚田园生活的白领回归自然,"开心做地主"。不过,细细观察,这些公司更多以"果蔬"为经营主业,涉及粮食品种的较少。

/ 五常大米破局 /

2014年的最后两天,中国粮食城的"e亩良田"项目对外公布。

仔细看看这份项目说明,中国粮食城已在五常大米的产地——黑龙江五常,拿到国家认证的5000亩有机稻田基地。中国粮食城将以每亩一年一万元的价格对外认购。

"通常一亩地大概能产稻谷1000斤,五常'稻花香'的生长周期较长,亩产略低,因此,亩产在800斤左右。按照一般的加工技术,这800斤稻谷可以加工成不到400斤精米。这样算下来,一亩地可以满足三口之家一天一斤有机大米的需求。"中国粮食城的相关负责人在推介会上说。

据了解,不仅如此,中国粮食城还将推出增值服务,认购的会员一年还可以有一次机会免费参加"全家生态两日游"。会员带领三口之家,走进五常"最美丽稻田",到田间体验稻谷生产的乐趣。

中国粮食城相关工作人员介绍说,综合考虑,"e亩良田"项目的认购会员不仅仅是在购买大米。"首先,有机水稻亩产800斤,按照45%的出米率,得360斤,一万元钱会换来一天一斤正宗的有机五常'稻花香'大米;其次是生态观光旅游,我们会组织会员带领家人到种植基地体验游;最后,我们还将会把农产品和互联网结合,在成为我们的会员后,可以得到在我们的平台专享购物的服务。"

据介绍,"e亩良田"将逐步转化为农副产品的高端购买平台,前期以五常大米为主,后期会把各地的高端农副产品吸收进来。

"比如东北的有机黑木耳,或者宁夏的枸杞等,我们的会员可以尊享高端定制产品。"上述工作人员说。

/ 谁埋单"高大上"？/

不过,"e亩良田"平均25元/斤的大米单位定价,还是遭到舆论质疑。

该项目发布之后,舆论哗然。据项目发布地——上海当地的媒体调查反映,当地居民普遍认为这个价格偏高。

一直以来,上海被视为中国消费水平最前沿的代表。

中国粮食城的上述负责人认为,该项目并不针对一般消费者,因此,普通居民反映贵也属正常。"我们的项目主要针对企业大客户的团购、定制,此外是个体购买,所以,并不是一般消费者所能接受的。"

不仅仅是定价,从该项目的发布地、参会者来看,这一项目很"高大上"。

该项目的发布会选址在上海的一栋摩天大楼——上海环球金融中心,与会嘉宾大部分来自上海市福建商会和泉州商会的企业家。

"我的朋友送我们一斤茶,都要一万多元。因此,可以吃一年的好米,一万元也划算。"一位企业家说。

中国粮食城的相关工作人员表示,项目发布当天,认购会员达到80个;如今,已认购出的良田已经超过了800亩。

/ 高端如何取胜？/

随着粮食低价竞争时代的到来,许多粮企正在寻求走差异化竞争路线。一些粮企负责人的看法是,打造高端产品,提高产品溢价,不失为出路之一。

然而,受各种因素掣肘,许多粮企走高端路线的努力最终归于失败。

宁夏大米曾在业内品评超越全球公认的大米品牌——越光,因此,当地许多稻谷企业开始转型高端路线。

几年前,笔者接触的一家宁夏大米加工企业,也在转型高端之后将每斤大米的价格提高到了50～100元。

虽然该企业对于北京、上海、广州等市场的反应较为乐观,但是,由于品牌影响力低、定位不够精准等因素制约，该企业在一些省会城市的直营店不得不关张退出。

在中国粮食行业协会副会长田鸿儒看来，五常大米这样的品牌大米的潜力巨大，但并未被挖掘出来。如何避免虚假混入，是此类大米品牌保护的首要课题。

有业内人士表示，国内大米品种繁多，质量差异较大，对于消费者来说，很难对其进行专业判定。因此，怎样去除专业的藩篱，让一般消费者做到真正放心，才是企业需要做的功课。

"许多消费者都是通过批发市场、超市等传统渠道来购买米、面、油，但这些渠道所供应的品种鱼龙混杂，是否纯正难以评判。"在中国粮食城董事长林书育看来，"e亩良田"的此次尝试，克服了以上缺陷，所以才能得到会员的认同。

一业内人士也认为，"e亩良田"的运作方式，保证了产品的产地、加工、供应，在各个环节增加的实时监控提高了透明度，确实不失为一种独到的方式。

"整体测算，该项目投入较高，其实并不适用于大多数的粮食品种，也不适合太大规模地展开。"有营销人士说。

石磨面粉"扛大梁" 还需跨过"健康关"

□ 付嘉鹏

这些年,凭借"天然、健康"的优势和卖点,石磨面粉逐渐成为市场的新宠。然而,也有人士认为,石磨面粉的二氧化硅含量较高,并不利于人体健康。但如果严格控制工艺,天然、健康的石磨面粉一定是未来面粉行业发展的趋势。利润较高,是石磨面加工企业积极推广这一产业的重要原因。

***

2015年的春节前夕,河南一家大型保险公司的大客户经理王丽采购了一些粮油产品回馈客户。

"我们给客户赠送的礼物都是比较上档次的东西。"王丽介绍说,"如今,大家都注重健康,主张绿色饮食,听说石磨面粉天然健康,因此,十分适合做礼品。"

这些石磨面粉产自河南洛阳,每袋5斤,售价为15元。

近几年,随着饮食结构的调整,越来越多的消费者注重粮油产品的健康功效。号称"传统工艺、自然健康"的石磨面,开始受到消费者的推崇。

"听说石磨面粉很健康、很天然,但是否真的如宣传那样,我们也不得而知。"王丽说。

/ 石磨面粉身价高 /

王丽曾经在网络上了解到有关石磨面的宣传。她说,在"天猫"搜索"面粉",马上搜出2866件商品,而输入"石磨面"字样,仅有131件商品。

不过,与单价3~5元/斤的普通面粉相比,石磨面的单价一般超过8元/斤。

山东章丘某石磨厂的宁姓负责人已经在石磨面粉行业闯荡了30多年。据他介绍,节假日里,厂里的产品销量很好,可以翻两三番,消费者的购买热情很高。

在他看来,正是由于石磨面粉品质好于普通面粉,才赢得了消费者的青睐。"由于石磨转速较低,一般为每分钟20~25转,所以极大地克服了现代化机械生产高速高温给小麦营养成分带来的破坏,充分保留了小麦中的营养物质,是真正的绿色健康食品。"

作为石磨面的积极推崇者,河南工业大学教授陈志成2014年被推举为中国石磨产业技术创新战略联盟第一届理事会理事长。

据他介绍,石磨面粉需要经过破碎、提粉、清粉、筛理等环节,由于此工艺属于低速研磨、低温加工,不会破坏小麦中的营养物质,保持了面粉的分子结构,因此石磨面粉最大限度地保留了小麦中的蛋白质、面筋质、胡萝卜素、碳水化合物、钙、磷、铁、维生素B_1、维生素B_2等各种营养物质,特别是胡萝卜素和维生素E是其他面粉的18倍。

此外,由于小麦的主要成分未被破坏,石磨面粉中的小麦香味也得以保留,用其制作的各种面食口感柔韧、麦香浓郁。

产能规模难跟上

受石磨面粉特殊工艺的限制，国内石磨面粉加工企业的产能普遍不高。

"我的工厂加工能力不算小，在当地实力也算一流。"宁厂长介绍，"即便如此，日加工能力也仅25吨左右。"

据了解，石磨面粉加工能力的提升，除需要对加工工艺不断改进之外，对厂区面积也有很高要求。

在许多业内人士的眼里，石磨面粉加工能力的提升，势必要以增加磨盘数量为基础。在地价不断攀升的背景下，要大幅提高产量，无疑是石磨面粉加工企业面临的一道重要障碍。

"据我了解，河南有一家面粉加工企业的石磨面粉日加工能力为中国第一，应该算是目前国内最大的石磨面粉加工企业。该企业一个磨盘的直径大概是1.2米，总共72台磨盘。整个企业的占地面积很大，一眼望去，非常壮观。"宁厂长说。

宁厂长说的企业，就是商丘市百分食品有限责任公司。公司董事长宋文忠介绍说，该公司拥有2条全自动化石磨面粉生产线，日加工小麦80吨，是目前我国最大的石磨面粉基地。

一般情况下，我国规模以上的机制面粉企业的日加工能力均超过300吨，规模远远高于石磨面粉行业。

"如果现在哪家面粉企业的石磨面粉日加工能力超过了100吨，那就可以被誉为世界第一。"宁厂长说。

由此可见，投资规模成为石磨面粉产业发展的另一障碍。

陈志成介绍说，从目前的工艺技术来看，日加工能力80吨的生产线，仅设备投资就不低于400万元，再加上配套的厂房等投入，投资额并非小数。

/"结果是幸福的"/

虽然很多"王婆卖瓜"的石磨面粉行业人士坚定地认为,石磨面粉天然、健康,但是,对于该产业的发展,仍存反对之声。

作为主食产业化之父,河南省面制食品工程研究中心主任刘晓真表示,所谓"石磨面",应视为粮油加工业的"返祖现象",并不代表整个加工业的潮流。在他看来,机械化、规模化才是整个粮油加工业的发展方向,而成本高、产量低的石磨面只是"昙花一现"。

此外,刘晓真还认为,石磨面含砂量高,因此,大部分石磨面的二氧化硅含量较高,并不利于人体健康。

国内已经出版的多项研究成果显示,石磨小麦粉在湿面筋质量、稳定时间、面团形成时间方面均优于钢磨小麦粉,但如果不严格控制小麦的清洗和除磁去石,石磨小麦粉的含砂量偏高。

在宋文忠看来,正是由于面粉行业存在这样那样的看法,对石磨面的发展并未形成统一认识,导致整个面粉行业的参与度不高,影响了石磨面粉行业的发展。不过,包括宋文忠和宁厂长在内的从业人士认为,只要严格控制石磨面粉中的含砂量,天然、健康的石磨面粉一定是未来面粉行业发展的趋势。

利润较高是石磨面粉加工企业积极推广这一产业的重要原因。

品质优于普通面粉,外加石磨面粉产量不高,使得石磨面粉的成本和售价都要高于普通面粉,其利润也较高。

"我们现在的售价一般在2.8~3元/斤。"宁厂长介绍说,即使按照产品的最低市场零售价来计算,自己企业的总利润也要大大超过同类机制面粉加工企业,"甚至超过了500吨/日的机制面粉加工企业"。

"在我看来,石磨面粉产业发展的结果一定会是幸福的,但推广的过程很辛苦,因为引导消费者去接受它要经历各种痛苦。在这个过程中,很多从业者或许会成为行业'先烈'。"宋文忠说。

中国粮油书系（第三卷）
农经视野

油脂篇

Youzhi Pian

四川："油菜花"探路三产融合

□ 唐恒

"农区变景区、田园变公园、农房变客房、产品变礼品"，油菜花经济的传导效应，带动了四川旅游、土特产销售等第三产业的快速发展，展示了"一三产业互动、农旅深入融合"的魅力之姿。

***

过去卖油菜籽，一亩田的收益不过500元；现在"卖"油菜花，每亩可多得数千元的收益。对大多数四川油菜种植户来说，几年前想也不敢想的事，如今变成了现实。

近年来，四川省多个油菜籽主产县（市）因地制宜，通过举办创意新颖、特色各异的油菜花节，不仅拉动了人气，扩大了当地的知名度，还为当地村民带来了实实在在的收入。

油菜花吸睛又吸金

"自从举办油菜花节后,我们村的村民就借助油菜花节旺盛的人气卖野菜、卖花环、卖特色小吃。不少村民办起了农家乐,卖土鸡、卖土鸭、卖茶水……现在,种一亩油菜,仅'卖'油菜花就能给当地农民带来数千元的收入。"金堂县三溪镇原镇委副书记周德益表示。

四川是油菜种植大省,近年来油菜种植面积稳定在1500万亩左右。每年的3月,连片的油菜花竞相开放,吸引了亿万游客的目光。

在敏锐嗅到油菜花带来的商机后,四川多地乡镇纷纷打造具有本地特色的"油菜花节",以油菜花为媒,让游客在饱览油菜花海的同时,享受在油菜花田里品茗聊天、打牌消遣、吃火锅、眠宿花海等特色服务,吸睛又吸金。

作为多届"金堂国际油菜花节"的主办地,三溪镇白庙村的油菜花在成都周边县市已形成品牌效应。每到周末和节假日,四面八方的游客就会蜂拥而至。油菜花让昔日这个冷清的小山村变得热闹起来。

周德益称:"当地油菜种植面积常年保持在1.2万亩左右。以前村上只有五六家农家乐,举办油菜花节后已增长到30多家。在'三八节'的前四天,我这个农家乐的60桌就全部被预订完了。据我估计,油菜花节期间,规模大的农家乐有10多万元的收入,小点的也能挣2万~3万元。"

路边一位卖炸土豆的村民说:"以前我在外边打工,一天挣100多元。村里举办油菜花节后,我就在家卖凉面、炸土豆等。节假日期间来的人特别多,我一天能挣三四千元。"务工的村民回村当起了小老板,上年纪的村民放下手中的麻将,搞起了服务业。现在的白庙村,喝茶聊天的少了,打麻将的少了,村民的腰包鼓了。

白庙村的变化,只是四川各地油菜花经济引发联动效应的一个缩影。

在崇州油菜花盛开期间,很多游客坐在油菜花田里的遮阳伞下休息。一壶10元的茶水,在为游客缓解疲劳、带来花中品茶独特享受的同时,还为当地村民带来了可观的收入。

数据显示,2016年崇州举办的第四届四川自驾赏花节期间,该县白头镇相关行业日均总收入13.72万元。其中，餐饮收入4万元，茶水收入2.3万元，特色农产品收入2万元，农产品体验采摘2万元，停车及其他配套服务费用1.2万元，民宿收入0.6万元，"花田迷宫"门票收入0.12万元。

/ 产业融合迎商机 /

油菜花从"花开时孤芳自赏，花落时化作尘泥"的"野花"，到天府大地上的"花魁"，这一过程的嬗变，是从国家政策的引导和当地政府对油菜产业的扶持开始的。

长期以来，四川油菜种植一直面临着收益不高、产业竞争力不强的困境。如何改变当前的生产模式，提高油菜全产业链的发展，为农民增收，为农业增效，成为四川各级政府的待解之题。

2016年1月，国务院办公厅发布《国务院办公厅关于推进农村一二三产业融合发展的指导意见》（下称《意见》）。《意见》指出，要积极发展多种形式的农家乐，提升管理水平和服务质量，建设一批具有历史、地域、民族特点的特色旅游村镇和乡村旅游示范村，有序发展新型乡村旅游休闲产品。

借助国家推进农村产业融合发展的政策"东风"，四川多地纷纷利用当地大规模种植油菜的优势，在每年3月油菜花盛开期间，别出新意地举办多种形式的赏花活动，以此带动当地乡村游的发展。

绿化富农两不误　木本油料贡献大

□ 王影影

我国的木本油料作物资源丰富，可食用的有标准可循的木本油料植物有十多种。种植木本油料作物，不仅有利于绿化国土、治理水土流失、防沙治沙，还有利于扩大森林资源总量、改善生态环境、建设生态文明和美丽中国。近年来，在国家政策"春风"的吹拂下，我国木本油料产业也如这漫山遍野的油茶花，发展势头红红火火。

***

2017年3月12日是第39个全民义务植树节，各地迎来今年最大一波义务植树高峰。在选择树种的时候，不妨考虑一下木本油科，在绿化祖国的同时又能改变"油命外落"的现状，一举两得，何乐而不为？

"律回岁晚冰霜少，春到人间草木知。"植树节到来前夕，北方的春天刚刚来到，柳树吐绿，万物萌发。而在江西省德兴市新岗山镇十八亩段自然村，8000多亩的野生红花油茶已经竞相开放，漫山遍野的油茶花绚丽夺目,芳香四溢,令人心旷神怡。

我国的木本油料作物资源丰富,可食用的有标准可循的木本油料植物有十多种,其中以油茶、核桃、油用牡丹、松子、翘果、文冠果等最为我国人民所喜爱,已有长期栽培经验。这些木本油料作物一般种植在荒山荒地、陡坡耕地、沙化土地上,不与粮食争地。

"种植木本油料作物,不仅有利于绿化国土、治理水土流失、防沙治沙,还有利于扩大森林资源总量、改善生态环境、建设生态文明和美丽中国。"国家林业局发展规划与资金管理司副司长杨冬表示。木本油料作物在增加农民收入和维护国家粮油安全方面也有积极意义。

近年来,在国家政策"春风"的吹拂下,我国木本油料产业也如这漫山遍野的油茶花,发展势头红红火火。

/ 花开闻香　果落富农 /

阳春三月正是油茶苗开始栽种的大好时节,湖南省新邵县光田村的荒山坡地、田间地头,随处都可见到正在挥动锄头栽种油茶树苗的村民。

村民瞿海洋是村里的困难户,在政府的帮扶下,他用扶贫资金买了1500余株油茶苗,准备把自家的荒山荒地全部种上油茶树。他说:"政府为我们联系到了油茶种苗,还请来林业干部手把手教会我们怎么栽种油茶,以后还有油茶种植补贴发放到户。"在他们村,还有80多户都种植了油茶,老百姓纷纷表示脱贫致富有了新的希望。

光田村只是全国油茶产业蓬勃发展的一个小小缩影。在油茶第一大省湖南,油茶产业已成为资本逐利、林农致富的绿色高地。截至2017年3月,全省有300多家企业、2000多家种植大户、500多家专业合作社参与油茶产业发展,拉动社会资金投资油茶产业达80亿元,并涌现出了金浩、中联天地、林之神、大三湘等十多个油茶龙头企业和油茶知名品牌。

核桃是我国另一种广泛种植的木本油料作物,于汉朝开始栽培,至今已有2000多年的历史,遍布华北、西北、西南等地区的16个省区市。

"现在这个核桃真成了我们家的'摇钱树'了,企业人员会主动到家里来收,给我们的收购价每斤在22~25元,要比市场价高出2元左右,所以今年我多收入了3000元。"日前,在甘肃省陇南市康县长坝镇花桥村,65岁的村民卯启德说,以往家里的核桃卖不出去的情况时有发生,几年前,在政府的引导下,他参与了"公司+基地+农户"模式,这让家里的核桃逐渐有了稳定的销路,收益逐年增加。

国家林业局统计数据显示,我国近6亿亩荒山荒地适宜发展木本油料。杨冬以油茶为例说:"如果每户农民有10亩优质油茶林,稳产之后每年收入大概到2万~3万元,发展木本油料产业,对于振兴我国山区、沙区经济,增加农民收入,意义重大。"

/ 不断壮大的木本油料家族 /

受水土资源所限,油茶等作物并不能在全国各地广泛种植,因此,专家建议,在不适宜种植油茶、核桃的地区,可以因地制宜地种植其他木本油料作物。近年来,除了油用牡丹、长柄扁桃、文冠果产业开发方兴未艾,还有一些曾经"养在深闺人不知"的木本油料作物也开始进入大众视野。

在我国华北地区有一种特色树木——元宝枫。在秋天,如果来到陕西省宝鸡市,你会发现这里的元宝枫不但能形成秋日里一道"火红"的风景,而且已成为当地农民脱贫致富的"金元宝",正可谓"春种满田皆碧玉,秋收遍野尽黄金"。

据陕西宝枫园林科技工程有限公司总经理王高红介绍,截至2017年3月,元宝枫籽油市价可达到每公斤1万~2万元,1亩地能出2万~3万株苗,每株苗按0.3~0.5元计算,每亩年纯利可达5000~6000元,比种植农作物收益要高很多。

"这树不光树籽是宝,叶子也是宝!"王高红表示。元宝枫叶中含有多种活性物质,制成的枫叶保健茶可以调节免疫机能。另外,经进一步深加工,可以从枫叶中提炼出贵重的医用黄酮素、绿原酸等活性物质;如果进行资源开发,价值更为可观。

毛梾木是一种高大落叶乔木,特产于我国,广泛分布于山东、山西、河南、河北、陕西等20多个省市。这种树枝叶茂盛,白花繁密而芳香,累累黑果挂于红柄之端,端庄而秀丽。其枝叶含有丰富的蛋白质,可作饲料；木材坚硬，纹理细致，可制高端家具及工艺品；它的果实含油量达到31.8%～41.3%，可以提炼油，油可食用、医用及生产化妆品用，所产生油渣可提炼生物柴油，亦可作饲料和生物菌肥。

2016年10月10日，首届全国毛梾产业发展学术研讨会召开，山东万路达园林科技有限公司发布"毛梾籽油"企业标准，这标志着我国又一款木本油料食用油毛梾籽油即将进入标准化生产，也意味着消费者又多了一种特色高端食用油的选择。

12位专家同声:对油脂加工与营养谬论说"不"

□ 胡增民

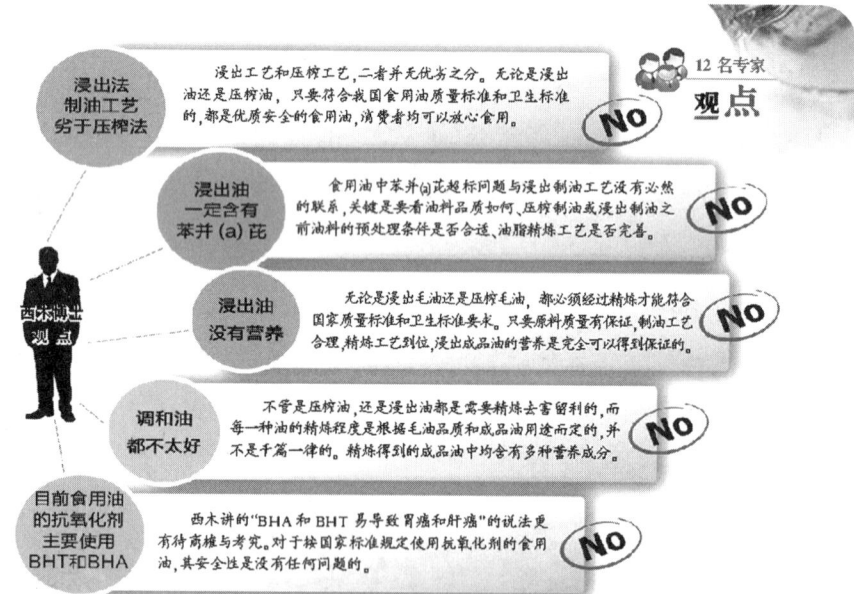

针对近年来西木博士多次发表有关"油脂加工与营养"方面的片面言论,12位国内粮油行业权威专家专门做出澄清。众专家表示,西木关于浸出法制油工艺劣于压榨法的言论,以及将浸出工艺中采用的"植物油抽提溶剂"说成是"6号轻汽油"并与普通汽油类比,实有危言耸听之嫌。

***

2016年9月26日，中国粮油学会油脂分会第二十五届学术年会暨产品展示会在山东邹平召开。就最近西木博士的言论以及广大消费者普遍关心的"如何选择健康食用油"问题，中国粮油学会首席专家、中国粮油学会油脂分会会长王瑞元代表12位国内油脂界权威专家在开幕式上作题为《彻底澄清社会上对"油脂加工与营养"方面的不实之词》的发言，予以正面回应。

/"全说"不等同乱说/

近年来，一个名谓营养与健康专家的西木博士在湖南卫视《百科全说》栏目播出的《如何选择健康食用油》节目中多次发表有关"油脂加工与营养"方面的言论，诸如：浸出法制油工艺劣于压榨法、浸出油一定含有苯并（a）芘、浸出油没有营养、调和油都不太好、目前食用油的抗氧化剂主要使用BHT（二丁基羟基甲苯）和BHA（丁基羟基茴香醚），等等，不一而足。

由于媒体的大量转载，西木的上述言论已在社会上引发影响，甚至造成部分消费者的恐慌和不知所从。

为了对社会和对消费者负责，油脂界的专家学者纷纷要求粮油学会组织业内专家讨论，撰写文章对西木的错误言论进行澄清。为此，中国粮油学会油脂分会专门召开会议，会议由中国粮油学会首席专家、中国粮油学会油脂分会会长王瑞元主持，与会专家综合各方信息，进行了认真讨论，针对西木的失实和不负责任的错误言论予以反驳。

9月26日，在中国粮油学会油脂分会第二十五届学术年会上，王瑞元代表来自江南大学、武汉轻工大学、河南工业大学、西安油脂科学研究设计院等高校、科研院所的金青哲、王兴国、何东平、刘玉兰、陈文麟、谷克仁、刘元法、曹万新、李子明、相海、周丽凤12位国内油脂方面的权威专家发言澄清，以正视听。

关于浸出工艺与压榨工艺的优劣，王瑞元等专家认为，我国和国际上一样，食用植物油的制取一般有两种方法：压榨法和浸出法。

浸出工艺和压榨工艺，二者并无优劣之分。油脂制取选择哪种工艺，首先考虑的是植物油料的品种及其加工特性，两种制油工艺只有原料适用性之分。目前国际上的通用做法是：含油量较高的植物油料（如花生和菜籽等），通常采用先压榨后浸出的工艺制油；含油量较低的植物油料（如大豆等），通常采用直接浸出工艺制油。为了充分利用油料资源，提高经济效益，压榨后的油饼一般都要继续进行浸出制油。

与压榨工艺相比，浸出工艺具有粕中残油少、出油率高、加工成本低、生产条件好、油料资源得以充分利用等优点。总之，无论是浸出油还是压榨油，只要符合我国食用油质量标准和卫生标准的，都是优质安全的食用油，消费者可以放心食用。

众专家表示，西木关于浸出法制油工艺劣于压榨法的言论，以及将浸出工艺中采用的"植物油抽提溶剂"说成是"6号轻汽油"并与普通汽油类比，实有危言耸听之嫌。

/ 浸出油真的有毒？/

西木称食用油的制作过程可以产生苯并（a）芘，压榨油制油过程不超过150℃，所以不会产生苯并（a）芘，而一般浸出制油的温度可以达到150～250℃，可以产生苯并（a）芘，浸出油一定含有苯并（a）芘。王瑞元等专家认为，食用油中苯并（a）芘超标是浸出工艺带来的，这是对浸出制油没有科学依据的误解。首先，就压榨工艺制油而言，若在压榨之前油料受到苯并（a）芘的污染，或油料在加工过程中长时间高温焙炒而产生苯并（a）芘，这些油料中的苯并（a）芘就有可能带入压榨油中，若不进行必要或合理的精炼脱除，就会造成压榨成品油中苯并（a）芘超标。

其次，浸出溶剂自身并不含苯并（a）芘，浸出制油过程（油脂浸出、混合油蒸发、汽提等）的温度均不超过125℃。所以，若植物油料中不含苯并（a）芘，浸出工艺就不会形成新的苯并（a）芘。通常的精炼条件是不会生成新的苯并（a）芘的，倒是可以有效地去除大部分苯并（a）芘。例如合理碱炼可以脱除80%以上的苯并（a）芘，采用优选的活性炭作为吸附剂可以脱除99%的苯并（a）芘，水蒸气蒸馏脱臭可以脱除40%左右的苯并（a）芘，最终使得精炼后的浸出成品油中苯并（a）芘含量远低于国标限量。

与此相反，若压榨油不进行完善的精炼，仅仅通过沉淀和过滤是无法有效脱除苯并（a）芘的，所以不经精炼的压榨油反而存在着苯并（a）芘超标的风险。这也是我们不提倡作坊式工厂或家庭自行压榨制取食用油的原因之一。在12位专家看来，浸出工艺并不会造成油脂中苯并（a）芘必然超标，食用油中苯并（a）芘超标问题与浸出制油工艺没有必然的联系，关键是要看油料品质如何、压榨制油或浸出制油之前油料的预处理条件是否合适、油脂精炼工艺是否完善，等等。

/ "加工与营养"岂能误导 /

长期以来，中国粮油学会从消费者的营养及健康出发，大力倡导"适度加工"，强调要最大程度保存粮油原料中的固有营养成分，防止"过度加工"，要求将油脂的加工精度界定在适当范围内，并以国家标准（或行业标准）的形式加以规范。

西木博士称，压榨油不需要精炼，也没有各种残留物在里面，压榨油更好，以及浸出油会有"汽油"残留，营养成分极少，等等。王瑞元等专家表示，这些观点缺乏对食用油的基本认知。无论压榨还是浸出，油料中有益于人体健康的类脂物，如磷脂、色素、维生素E、甾醇等均会伴随油脂被提取出来进入毛油中。反之，若油料的质量不好，如酸败、霉变、受到污染等，由这些不利因素产生的有害成分也会被带入毛油中，造成毛油品质变差。

所以，无论是浸出毛油还是压榨毛油，都必须经过精炼才能符合国家质量标准和卫生标准要求。由此可见，只要原料质量有保证、制油工艺合理、精炼工艺到位，浸出成品油的营养是完全可以得到保证的。

抗氧化剂的使用情况并不像西木博士所说的那样，"我国食用油脂抗氧化剂基本是 BHA 和 BHT"。另外，西木讲的"BHA 和 BHT 易导致胃癌和肝癌"的说法更是有待商榷与考究。对于按国家标准规定使用抗氧化剂的食用油，其安全性是没有任何问题的。

12位专家称，西木博士在节目中称"调和油都不太好，基本都是精炼的"，这种完全否定调和油的说法再次证明西木博士对精炼油缺乏科学认知，也说明他对调和油的认识存在极大误区。

调和油是将两种或两种以上成品油按照营养平衡或风味的需要，按一定比例调配制成的食用油。不管是压榨油还是浸出油，都是需要精炼去害留利的，而每一种油的精炼程度是根据毛油品质和成品油用途而定的，并不是千篇一律的。

精炼得到的成品油中均含有多种营养成分，因此，"调和油不好"和"没有营养"的说法是没有科学依据的。

当然，在充分肯定调和油上述优点的同时，我们也应看到，由于我国食用调和油没有国家标准，当前食用调和油市场存在着标识混乱、名称繁杂和以次充好等问题，一个突出的现象是，调和油生产企业往往以价格高而投放比例较少的油品来命名调和油。

为了规范调和油产品的市场行为，国家即将出台的"食用植物油国家标准"中对调和油做出了两项重要规定：一是调和油统一称为"食用植物调和油"，不能以价格高的油品来命名；二是调和油的标签标识要注明各种植物油的比例。

王瑞元等指出，西木在关于"转基因油""饱和脂肪酸"和"人造黄油"的一些论述中也存在不少偏误。

12位专家指出，我国的油脂加工业和油脂市场总体上是健康向上的。市场上的食用油产品只要符合我国食用油质量标准和卫生标准的任何一个等级的油品，都是安全的，消费者可放心食用。与此同时，建议消费者要用科学的眼光对待食用油的安全问题，避免被谣言误导，陷入不必要的恐慌。

冷榨油价格普遍较高　加工业仍需培育

□ 付嘉鹏

在专业人士看来，冷榨植物油最大限度地保存了植物油的营养成分，且能耗较低。对于消费者来说，由于冷榨植物油的市场价格普遍较高，短时间内仍无法接受其成为日常用油。许多冷榨油加工企业认为，在消费者日益珍视营养、健康的大背景下，富含多种营养成分的冷榨油，其市场需要慢慢培养。

* * *

在"天猫"的搜索栏中输入关键词"冷榨油"，网页会立即跳出102件商品，包括冷榨亚麻籽油、冷榨山茶油、冷榨紫苏籽油、冷榨橄榄油等各式产品。不过，与输入"食用油"所跳出的5457件商品相比，冷榨油的产品数量显然较少。

所谓冷榨植物油，是指经过低温压榨所生产的植物油，温度一般在60℃~80℃。冷榨是一种加工工艺，近几年才被部分规模企业引入运用。

有专业人士这样评价冷榨植物油：由于冷榨植物油最大限度地保存了

植物油的营养成分，且能耗较低，所以积极推荐。对于消费者来说，由于冷榨植物油的市场价格普遍较高，短时间内仍无法接受其成为日常用油。

/ 叫好不叫座 /

河南省桐柏县的刘师傅是一位出租车司机，对于冷榨花生油，他表达出一般消费者的认知："这种油，营养成分更丰富，但是售价更高。冷榨花生油的价格，一瓶能抵得上鲁花的三瓶呢！"刘师傅说，因为昂贵的价格超过了自己的承受能力，自己从未食用过冷榨油。

通过随机抽调某品牌的冷榨花生油发现，与鲁花品牌中价格最高的产品进行对比，以500毫升为例，上述品牌的冷榨花生油价格为159元/桶，鲁花的5S一级花生油的价格仅为139.9元/桶。

笔者在多个省的多家超市内发现，虽然各个促销员都夸自己的油销量如何好，但在一个时间段内，光顾冷榨油展架的消费者寥寥无几，这与其他品类油的展架前消费者络绎不绝的情形形成鲜明对比。

第一坊冷榨花生油由青岛长寿食品有限公司推出，曾获得中国粮油学会"高品质花生油"鉴定成果。该公司的工作人员说，冷榨工艺虽然已经出现多年，但消费者普遍对冷榨工艺不够了解，这是企业宣传不到位的结果。他认为，现在大多数老百姓的用油习惯不太健康，他们普遍认为"炒菜就应该多放油，只有多放油才香"，其实这是错误的。

"当然，现在也有很多老百姓已经明白，要'少吃油、吃好油'。成本虽然已经决定了我们产品的价格，但我们相信，健康、营养的冷榨花生油，在食品安全问题频出的今天，还是有很大市场的，只是可能不如其他低端花生油市场广阔而已。"他说。

对于当前正在培育的市场，许多冷榨油加工企业认为，在消费者日益珍视营养、健康的大背景下，富含多种营养成分的冷榨油，其市场需要慢慢培养。

/ 并非完美无缺 /

冷榨植物油，真的有宣传中那么好吗？

有专家曾以冷榨花生油和浓香花生油为例对两者进行了区分：经过冷榨工艺加工的花生油，闻起来有一股花生的天然清香，而浓香花生油的香味是炒制之后的香味，更加浓郁。

也有相关研究人士以山茶油为例，对两种加工工艺后的营养成分进行了对比。由于冷榨工艺没有经过蒸炒处理，原料中的油脂仍分布在未变形的蛋白细胞中，因此，冷榨山茶油保留了很多茶籽中的亚麻酸、亚油酸、多种微量元素等固有成分，且保留了原有的维生素E、甾醇、类胡萝卜素等生物活性物质，不存在溶剂残留，也不存在反式脂肪酸，保留了大量的内源性抗氧化剂。热榨的山茶油则容易造成高温氧化聚合、分解，产生过氧化物和某些有害物质，破坏油中的营养物质，并引起蛋白质变性。

武汉轻工大学教授何东平介绍说，行业内提倡冷榨油的大背景是消费者追求全天然消费，还有国家对适度加工的推崇。为防止食用油的过度加工，低温压榨符合潮流。

也有业界人士说，冷榨油并不是完美无缺，也存在一定的健康风险。

"首先，冷榨油的风味不如热榨油；其次，由于冷榨油的机饼中心温度较低，达不到让生物菌种致命的程度，因此，如果冷榨油的选料不精细，很容易造成病菌残留超标。"黑龙江一家大豆压榨企业技术人员说，"比如油菜籽，天生包含了许多种病菌，冷榨工艺就难以清除杀死。"

第一坊的工作人员也说，冷榨花生油的原材料必须保证颗粒饱满。

何东平提醒说，对于低温冷榨油，一定要精选原材料，保证加工质量，要符合国家标准才能投放到市场。

业界人士因此认为，国内大部分的油料并不适合冷榨工艺，只有部分高档油品适用。

/ 市场培育仍需加码 /

李连庆是浙江杭州一家粮油批发市场的工作人员,在他工作的批发市场里,所售的冷榨植物油品种少之又少。

"一类是橄榄油,一类是花生油。"李连庆说。从目前来看,冷榨食用油还处于概念炒作阶段,总体销量并不多,有些粮油的经营户甚至还不了解冷榨油这个产品。

作为湖北一家冷榨山茶油的经销商,牛栋(化名)前几年的经营不错。由于经营业绩不错,该品牌的企业甚至出资帮助他在河南市场加大了宣传力度。郑州市的大街小巷,甚至在刚开通的地铁视频广告中,均能经常看到该品牌的宣传广告。

然而,随着国家反腐力度的加大,主要依靠政府机关采购、事业单位福利团购的牛栋,感到经营压力突然增大。一时间,其产品的销售也进入"寒冬"。

与牛栋相熟的人士说,如今的牛栋,正在发展其他产业来支持其食用油板块的发展。

即便许多冷榨油的推动者意识到自己或许会成为倒在市场培育过程中的牺牲者,然而,面对庞大的市场潜力,仍有许多企业不断进入这一行业。

河南一家芝麻油加工企业的负责人称,该企业正在考察冷榨芝麻油的相关生产工艺,已经将相关技术设备的采购提上了企业的议事日程。"这一行业需要人去培育,但培育起来之后,市场空间无疑是巨大的。"长寿食品的工作人员说:"过程虽然很长也很累,但经过我们这么多年的宣传,消费者对冷榨概念有了一定的了解。而且,整体社会发展趋势是大家对健康、对营养越来越重视,这对整个冷榨油行业来说是一件好事。"

中国粮油书系（第三卷）

农经视野

食品篇

Shipin Pian

马铃薯主食化,是近还是远

□ 冯华　王浩

　　马铃薯主食开发,就是将马铃薯加工成适合中国人消费习惯的馒头、面条、米粉等主食产品,实现马铃薯由副食消费向主食消费转变、由原料产品向产业化系列制成品转变、由温饱消费向营养健康消费转变。把马铃薯纳入主食大家庭,有助于推进农业供给侧和需求侧的有效对接。

＊＊＊

　　小小"土豆君",火了又火。农业部2016年2月发布《关于推进马铃薯产业开发的指导意见》(以下简称《指导意见》),提出到2020年,马铃薯种植面积扩大到1亿亩以上,适宜主食加工的品种种植比例达到30%,主食消费占马铃薯总消费量的30%。

　　这份《指导意见》一发布,就在社会上引发热议。马铃薯,本是餐桌上的家常菜,醋熘土豆丝、地三鲜、土豆炖牛肉⋯⋯这些年,我们吃过多少马铃薯,恐怕数也数不清。不少人心存疑惑,为啥要提倡马铃薯主食开发，是粮食不够吃了吗？马铃薯作主食，怎么个吃法？马铃薯产业开发，又该怎么推进？

/从"副食"到"主食"，马铃薯凭什么"逆袭"？/

"马铃薯主食开发，并不是让大家直接把马铃薯当成主食吃。"中国农业科学院农产品加工研究所所长戴小枫解释，"马铃薯主食开发，就是将马铃薯加工成适合中国人消费习惯的馒头、面条、米粉等主食产品，实现马铃薯由副食消费向主食消费转变、由原料产品向产业化系列制成品转变、由温饱消费向营养健康消费转变。"

让习惯当菜吃的马铃薯当干粮，是粮食不够吃了吗？

农业农村部种植业管理司司长曾衍德说："我国粮食已连续12年丰收，推行马铃薯主食开发，并不意味着三大口粮出现短缺。但从供给侧结构来看，口粮出现'三量齐增'现象，特别是玉米去库存压力大，因此要调减玉米种植面积。从需求侧结构来看，随着生活水平和消费水平的提升，追求营养健康成为消费趋势，而农产品市场结构又比较单一。因此，把马铃薯纳入主食大家庭，有助于推进农业供给侧和需求侧的有效对接。"

此外，推进马铃薯主食开发，还有利于缓解资源环境压力，实现农业可持续发展。马铃薯耐寒、耐旱、耐瘠薄，适应性广，种植起来更为容易。

那么，为什么选中了马铃薯作主食？

食物史证明了马铃薯是适合人类需求的主食。农业农村部副部长余欣荣说，在欧洲各国和美国等国家，马铃薯作为主食已经有几百年的历史。就中国而言，在西北的陕西、宁夏部分地区，东北部分地区，马铃薯已经成为老百姓餐桌上的主食。随着经济的发展，人们的消费需求日渐多元，为了顺应这种趋势，我们应不断实现主食的多元化，在全国范围推广马铃薯主食。

最令人心动的是马铃薯的营养价值。农业农村部食物与营养发展研究所所长王小虎说，通过检测发现，马铃薯主食含有人体所需的全部7类营养物质，还填补了日常主食中缺乏的维生素A和维生素C。100克的马铃薯中维生素的含量相当于7个苹果的含量，或者是一个半西红柿的含量，钾的含量相当于2根香蕉。

从事马铃薯育种及产业开发的希森马铃薯产业集团有限公司（简称"希森集团"）董事长梁希森说："部队吃的压缩饼干99%都是马铃薯全粉，航天员在太空中的食物也是由马铃薯全粉加工成的，马铃薯全粉的营养价值可见一斑。"

王小虎说，项目组在内蒙古的实验表明，坚持食用马铃薯全粉占比30%的馒头，人体中的血糖、血脂和胰岛素等指标更健康。

/ 马铃薯馒头，何时能吃上？ /

"光听新闻上说马铃薯主食化，可是在超市里也没见过马铃薯馒头，在哪儿能买到？"说起马铃薯主食化，正在超市采购食品的北京市民王阿姨很好奇。

"马铃薯全粉营养价值比较高，一般全粉含量在20%～30%的马铃薯馒头就很好吃。"梁希森说，"希森集团2015年6月开始工厂化生产马铃薯馒头，当地普通馒头0.5元一个，马铃薯馒头1元一个，产品供不应求，还大量销售到天津、济南等地，北京市场也在慢慢开拓中。"

不只是馒头，在中国农业科学院举行的马铃薯产业开发高层研讨暨成果发布会上，现场陈列了6大类154种马铃薯主食产品，除了馒头、面条这些大众型主食，还有入口即化的豆沙糕、造型别致的菊花饼、精巧美味的曲奇饼干……美味的口感，让品尝者赞不绝口。

"以马铃薯粉占比40%的主食产品为例，未来10年，以20%的速度推进，马铃薯传统主食产品的消费能力可达2000万吨左右，休闲型产品的消费能力能达800万吨左右，"王小虎说，"马铃薯产品市场将是一片广阔'蓝海'。"

"加快推进马铃薯产业化势在必行。"余欣荣说，"马铃薯产业化取得阶段性进展，但要满足潜力巨大的市场，还需要从各环节入手，不断加快产业化步伐。"

"育种创新还需加强，尤其是适宜主食加工的马铃薯品种选育工作。"戴小枫说。马铃薯因为产地、品种不同，淀粉等干物质含量有明显的区别。比如山东产区的一些品种亩产可达3～4吨，但淀粉含量较低，出粉率低；

相反，淀粉含量较高的甘肃"一点红"，出粉率高，但亩产仅有1~1.5吨。专家表示，如何培育出高产且高淀粉含量的品种是产业开发的另一关键。

王小虎介绍，农业科学院构建了245个马铃薯品种的基础信息数据库，确定马铃薯的筛选体系，共筛选出4个生态区的18个适宜主食开发的品种，加快破解这一难题。

此外，加工难题亟须破解。戴小枫认为，全粉加工环节面临两大难题。一是企业力量薄弱，产能较低。目前全国只有8万吨的产能，而且实际开工率不到一半。二是生产成本偏高。以熟粉来说，面粉每吨成本为4000元，马铃薯全粉每吨需要1万~1.2万元。如何解决成本偏高的问题将是今后的重点。

"主食产品要更加丰富。"余欣荣说，"企业能够灵敏地发掘市场需求，创新出更加多样的马铃薯主食产品。据了解，马铃薯馒头已在京津冀600多家超市销售，但要满足不同区域的饮食习惯、不同层次的消费群体，还需要企业加大创新产品的力度。"

/ 马铃薯产业化，不会与三大主粮争地 /

我国耕地面积有限，资源环境约束日益趋紧，大力推行马铃薯产业化，扩大马铃薯种植面积，会不会形成与三大主粮争地抢水的局面？

"推广马铃薯产业，不会与三大谷物抢水争地。"曾衍德说，"利用南方冬闲田、西北干旱半干旱地区和华北地下水超采区，因地制宜扩大马铃薯生产，力争形成马铃薯与水稻、小麦和玉米相互补充、协调发展的局面。"

"增加马铃薯种植面积，正好与调整种植结构相契合。"曾衍德说。当下玉米产能过剩，过去12年全国玉米种植面积增加了2亿多亩，其中"镰刀弯"区域就占了近四成。未来，"镰刀弯"地区可以增加需水量少、产量相对较高的马铃薯种植面积。

马铃薯产业化，更应该有重点地梯次推进。余欣荣说，未来将按照"一个主中心、七个次中心"的整体布局推进。作为主中心的北京，将成为马铃薯产品研发技术中心，形成一批引领性的产品配方和加工工艺。梯次推进东北、华东、华中、华南、西南和西北区域马铃薯开发，培育消费群体，拓展消费市场，并根据区域消费习惯开发具有区域特色的马铃薯产品，满足消费需求。

马铃薯生产扶持政策还需逐渐落地。曾衍德介绍，有关部门将完善马铃薯生产扶持政策，落实农业支持保护补贴、农机购置补贴等政策。鼓励各地对马铃薯加工企业实行用地、电、水、气等价格优惠。加大对马铃薯生产的投入，支持种薯生产、贮藏设施建设、标准化生产技术推广、市场与信息服务等环节。积极探索马铃薯产业信贷保障和保险机制，引导金融机构扩大对马铃薯主食产业的信贷支持力度，增加授信额度，实行优惠利率。

"但财政资金投入只是起引导作用。"戴小枫表示。马铃薯产业开发涉及科研、生产、加工、流通、消费等多个环节，是一项复杂的系统工程。坚持政府引导和市场调节相结合，充分发挥企业的带动和示范作用，开展主食开发技术模式攻关，改进和完善主粮化加工工艺，搞好主粮化消费引导，才能真正让马铃薯成为百姓餐桌上的主食。

鲁花：自然鲜开启净酿酱油"新时代"

□ 胡增民

作为中国食用油领军企业，鲁花集团自2012年起正式进军调味品行业。如今，鲁花自然鲜浓郁的酱香，不仅香满神州，酱香味道更漂洋过海，吸引了世界各地的客商。日本、美国、加拿大、新加坡、澳大利亚等国的客商纷纷来洽谈合作，使鲁花自然鲜也成为外国消费者餐桌上的美味。

* * *

浓郁的酱香飘散在空气中，舒缓的音乐声回响在耳畔……2016年10月中旬，"新常态·新定位·新提升——第十一届中国网络媒体山东行"媒体采访团来到鲁花生物科技有限公司，漫步于厂区内，目睹了鲁花自然鲜酱香酱油的酿制过程，采访团成员无不被"听着音乐"的酱油所震撼。

作为中国食用油领军企业，鲁花集团自2012年起正式进军调味品行业，其背后是鲁花集团的担当和社会责任感。如今，鲁花自然鲜浓郁的酱香，不仅香满神州，酱香味道更漂洋过海，吸引了世界各地的客商。日本、美国、加拿大、新加坡、澳大利亚等国的客商纷纷来洽谈合作，使鲁花自然鲜也成为外国消费者餐桌上的美味。

/ 培育独特菌种 /

酱油，起源于中国，以其独特的色、香、味成为中国人对人类饮食文化的伟大贡献。唐后酱油的生产技术由僧人传入日本，日本人如获至宝，酱油成为日本上层社会的独享美味，并在近代融入工业技术，使其得到了大的发展。曾经有段时间，其品质超过了中国酱油。

2002年，鲁花集团董事长孙孟全到日本考察，发现日本人非常钟爱酱油，每餐必备，其酱油质量要高于国内酱油。

本着"产业报国，惠利民生"的企业宗旨，孙孟全先生想：酱油是中国老祖宗的发明，却在日本发扬光大，为什么我们中国人就不能做出更好的酱油呢？鲁花一定要承担起这个责任，做出更好的酱油来。

做酱油的关键是菌种的优劣。自2002年起，鲁花人便开始了菌种的研发培育工作，组织科研力量投巨资建立酱油菌种研究中心，与全球科研机构进行合作。历经上千次筛选、培育、再筛选、再培育……整整十年的时间，鲁花人凭借不屈不挠的精神，终于研发出独特的酱香菌种——鲁花酱香菌。

为让菌种得到更好的繁育和生长，鲁花更是独具匠心地让菌种在音乐中成长，以期让这些小小的微生物激发全部的活力，更好地生香、凝香。

用鲁花酱香菌的独特方法酿造出来的酱油，酱香浓郁。这种酱香的味道，会将食材本身的味道烘托彰显到极致，让人们享受到自然的美味。而这种酱香味，正是中国古法酿造酱油的本来味道。鲁花酱香菌的成功研发，使酱油回归传统，又开启了酱油的"酱香新时代"。2012年，鲁花集团投资创建了鲁花生物科技有限公司，开始生产高端自然鲜酱香酱油。

/6个月净酿舱发酵/

发酵,是酱油制作过程中又一极其重要的过程。中国北方传统的加热发酵和南方太阳晒制工艺属于开放式高温快速发酵工艺。鲁花经过科学研发反复论证,决定采用纯净发酵技术,投巨资建立全自动低温控制系统,构建一种恒温密闭纯净发酵环境,使各种杂菌在发酵过程中对酱油带来的干扰和影响降至最低,让鲁花酱香菌生香、凝香更彻底、完美。

在高大洁净的净酿舱里,曲料需历经6个月缓慢持久的发酵。整个过程再伴以悠扬的音乐,使原料在菌种的作用下一点一点地转化成鲜美的汁液,慢慢地酝酿出浓郁的酱香。用这种技术酿制出来的酱油,品质稳定,口感细腻、柔和、纯正,无异味,酱香十足,不需添加任何防腐剂,酱色自然澄清。取少许倒入碗底,色泽金黄红亮,酱香扑鼻,这种极其明显的优势是普通酱油所不具备的。

/纯物理压榨取油/

为了避免水淋法取油方式产生的弊端,鲁花荣获国家科技进步奖的"5S纯物理压榨技术"被毫无保留地运用到了鲁花自然鲜酱油的生产中。

酱醪在经历了长达6个月的发酵,达到成熟状态后,采用纯物理压榨技术,将酱醪中的汁液历经72小时缓缓地压榨出来,在密闭的管道中进入瞬时灭菌环境,避免杂菌的污染。这种独特的压榨取油技术,使发酵原浆不加水,原汁原味,保证了自然鲜酱香酱油的高浓度,氨基酸态氮含量达到1.2克/100毫升以上,营养价值高,全面保留了自然鲜的酱香味。

鲁花的特有菌种、独创净酿舱和纯物理压榨技术形成了自然鲜酱香酱油的核心技术,通过这一技术生产出的鲁花自然鲜酱香酱油每百毫升鲜香物质的含量达到了1.2克以上,高出国家特级酱油每百毫升0.8克的标准。经业内专家组织对国内外各大酱油品牌进行盲评,鲁花自然鲜酱香酱油的口味和滋味等指标均超过了世界酱油的领先水平,以入口绵柔、无异味、浓郁酱香赢得专家的交口称赞。产品一经上市,就深受消费者的喜爱和追捧，在国内各大卖场成为消费者的首选。

某日资连锁卖场的日方采购经理品尝了鲁花酱油，浓郁的自然酱香味使他大为称奇，他立即组织日本最知名的酱油品牌进行对比盲测，结果鲁花自然鲜酱油以绝对优势胜出。此采购经理仍然表示怀疑，认为中国不可能做出这么好的酱油来，为了解除心中的疑问，他带队到鲁花自然鲜酱油工厂进行了现场参观。

当鲁花的技术人员带领他们参观完一道道酿制工序，并进行现场品尝后，他们彻底折服了，给予鲁花自然鲜酱油最高的评价："这是我见过的最好的酱油工厂，最好的酱油。"以"提高人类生命质量，发扬中华美食文化"为使命，鲁花在工艺上严格要求，质量上严密把控，上市以来，市场份额不断攀升，备受消费者喜爱。

2014年底，鲁花自然鲜酱香酱油以其优异的产品质量、独特的酱香，斩获2014"中国（国际）调味品及食品配料博览会金奖""中国调味品产业厨师热衷品牌""最具零售终端渠道影响力品牌""消费者放心品牌"四项大奖。

凭借先进的技术和市场带来的信心，2015年，鲁花生物科技有限公司又进行了二期工程扩建并于同年11月9日正式投产，工程投产后自然鲜酱油的产能达到20万吨，为更多消费者带去了餐桌上的美味。

面包与大米的"邂逅"

□ 王盟

大米凝胶为大米创造了一种新用途,这种凝胶还能被用来制作面包、面条等面制品,可谓将大米和面粉在某些功能上间接画上了等号。大米凝胶对于传统大米的口感和蒸煮品质都会产生很重要的影响,一旦这种产品量产化,对于小麦、大米等淀粉为主的主粮来说,都无疑是一次冲击。

* * *

2015年,日本研发出一种新型食品素材——大米凝胶。将煮熟的大米投入特殊装置高速搅拌即可形成大米凝胶。

这种素材特点是能够自由控制硬度和口感,可以用来制作面包、面条、蛋奶酥甚至奶油等各种食品。

据了解,这种大米凝胶诞生于日本国立研究开发法人机构"农业与食品产业技术综合研究机构食品综合研究所"。该所高级研究员杉山纯一对其寄予厚望,称"如此灵活多变的食材过去从未有过,它还可以成为大米的新用法"。

/ 大米凝胶 /

众所周知，大米的副产物种类较少，目前市场上流行较多的也只有米粉、米线、方便米粉、米饼等传统米制品。一些大米精深加工企业利用碎米生产淀粉糖，利用米糠生产米糠油，但这些产品的市场规模较小，市场容量还在缓慢成长中。

此次日本研究者发明的大米凝胶在业界并不是一个陌生的概念。

早在2011年，河南工业大学粮油食品学院周显青教授就撰文指出，大米粉在高水分和一定的温度作用下，淀粉颗粒会吸水碰撞，晶体熔化，发生糊化，糊化后线性的直链淀粉分子从膨润的淀粉粒中逸出，在降温冷却过程中以双螺旋形式互相缠绕形成连续的三维网络凝胶结构，成为具有一定黏弹性和强度的凝胶。大米的味道等品质和凝胶特性密切相关，凝胶的黏弹性、强度等特性对凝胶体的加工、成型性能以及淀粉质食品的口感、稳定性、速食性都有较大的影响。

听上去似乎过于理论化，但大米凝胶对于传统大米的口感和蒸煮品质都会产生很重要的影响。一旦这种产品量产化，对于小麦、大米等淀粉为主的主粮来说，都无疑是一次冲击。

"一般而言，一款品质良好的大米主要是基于优越的种植环境、较长的生长期，以及不断改良的品种，例如黑龙江的五常大米，广西、湖南、江西等地的一些知名大米，这些大米口感较好，香味也较浓。"业内人士指出。

与此形成鲜明对比的则是一些劣质的进口大米和低端大米，这些大米外观上与优质大米没有太大区别，但是口感较硬，水分多，没有嚼劲，在蒸煮的过程中也没有传统大米所具有的那种香气。

为了保证大米的口感和品质，目前流行的做法是进行配米，或者说是对大米进行"勾兑"。江西鹰潭市一家大米企业负责人刘老板介绍，除了传统的低端大米，大部分优质大米也只是具有一个或两个优点，比如一些大米香气比较足，但是口感比较软；一些大米口感较好，但是香气不足；一些大米水分较多，黏性较大，但是营养价值丰富。他们根据比例将这些大米进行配比，使得一款产品具备大米的多种优质品质，满足消费者的需求。"当然也有根据品种专门分装的大米，除了要满足大宗市场，还要根据消费者需求，不断对市场进行细分，比如很多老年人就喜欢吃黏性大一点的米，硬的他们咬起来费力。"上述人士表示。

大米凝胶可谓为大米创造了一种新用途，人们可以通过对水分和温度的掌握调整淀粉制品的硬度和口感。更为重要的是，这种凝胶还能被用来制作面包、面条等面制品，可谓将大米和面粉在某些功能上间接画上了等号。

/ 市场前景 /

鉴于这是一种新的产品，市场前景还只是一个未知数，尤其是将煮熟的大米投入特殊装置进行高速旋转的生产方式较为复杂，因此，能否激起企业的生产热情依然是未知数。

据了解，国内有多所院校开展了对于大米凝胶产品的研究，大部分论文只是局限于凝胶对于大米品质的影响，关于凝胶是否能够成为大米的一种新的衍生品的说法很少。

"大米凝胶我倒是听说过，但是用这种东西去生产制成品，如面包、面条等倒是一个新工艺。"广西桂林生产米粉的彭老板如是表示。

无疑，这是大米的一款新的衍生产品。日本研究机构证明，用大米凝胶做出的面包相比用大米粉做出的面包，放置时间长也不容易变硬，且成本相对低廉。与此同时，大米凝胶作为一种业已存在但是发展时间尚短的新型产品，未来的市场容量、市场空间都还具有很大的未知性，企业对此心存疑惑也在情理之中。

近些年来，鉴于大米毛利率低的缺点，为了提高大米产业的利润率，对于大米销售模式的创新方法和大米精深加工产业链的研究很多。目前流行的"互联网+"思维模式也成为大米产业提高销量的工具，多家院校和科研院所加入了对于稻米副产物的研究，试图挖掘大米产业更深的潜力。

如今的大米凝胶作为大米产业一种新的食材，对于很多消费者和企业来说，或许还只是一个陌生的名词，以这种食材产生的衍生产品行业还是一个新的产业，这个产业的前景如何，需要先行者的摸索。

拒绝"胖馒头" 无铝泡打粉产业待兴

□ 闫巍

包子、馒头、油条等是深受百姓喜爱的早餐食品，为了让它们显得更为膨松、更具卖相，生产商家往往要添加面食疏松剂。虽然国家已禁止使用含铝添加剂，但不少馒头生产商仍在使用泡打粉，为的是卖相好。业内人士认为，杜绝"胖馒头"的最好办法是加快发展无铝泡打粉产业。

***

泡打粉（又称为发泡粉或发酵粉）是一种复合膨松剂，主要用于面制食品的快速疏松，是日常面食中最常用的食品添加剂，其中的脱水明矾或者钾明矾即为含铝成分。虽然自2014年7月1日起，国家已经明确禁止使用含铝添加剂，但少数早餐店仍在使用泡打粉制作馒头。

为了卖相

据媒体报道，福建省福州市、浙江省丽水市都出现了"泡打粉"馒头，不少馒头、包子铺店主表示，用传统工艺生产的馒头没有泡打粉发酵的卖相好，为了吸引顾客、增加销量，不得已使用泡打粉。

"以前，大家总是用泡打粉，可以使面制品在发酵过程中快速醒发，让馒头、面包等卖相更足。但是在2014年7月国家禁止使用含铝添加剂之后，馒头生产企业已经不再使用泡打粉了，更多使用酵母发酵。"河南兴泰科技实业有限公司董事长刘晓真介绍说。

2015年1月中旬，位于河南省郑州市管城区的几家沿街馒头铺，部分店主明确表示，现在已经不使用泡打粉发面了，也有些店主表示，店内馒头是采用传统的老面或酵母粉工艺发面的。

其实，在国家发布的《关于调整含铝食品添加剂使用规定的公告》中，馒头、发糕等面制品（油炸面制品、面糊、裹粉、煎炸粉除外）生产中不得使用任何含铝食品添加剂，因为铝是人体非必需的微量元素，也是地壳中最多的金属元素。大多数天然食品中的铝含量并不高，人们吃进去的铝主要来自含铝食品添加剂。

在已经宣判的丽水市"铝馒头"案例中，生产商曹某为了使馒头口感松软，在和面过程中添加主要成分为硫酸铝铵的"香甜泡打粉"。为了达到最佳效果，曹某逐步将比例提高至17.5千克面添加200克泡打粉。由于曹某生产的馒头都是白嫩松软的"胖馒头"，不久就站稳了"包子王"地位，日产包子1000个、馒头150个。

在2014年下半年的一次检查中，当地食品药品监督管理局对曹某生产制作的馒头进行抽样检测。经检测，其馒头中铝含量为525.3毫克/千克，而即便是在"禁铝令"出台之前，铝残留的标准也必须≤100毫克/千克。为此，丽水市景宁法院以生产、销售不符合安全标准的食品罪判处曹某有期徒刑10个月，缓刑2年，并处罚金8万元，禁止其在2年内从事食品生产经营活动。

/ 超标危害大 /

根据《食品安全国家标准食品添加剂使用标准》（GB 2760—2014），以前允许使用的含铝食品添加剂共有13种，其中9种是作为脂溶性食用色素的铝色淀，另外4种为硫酸铝钾、硫酸铝铵、硅铝酸钠、辛烯基琥珀酸铝淀粉。其中硫酸铝钾、硫酸铝铵即俗称的明矾，复合型膨松剂泡打粉的主要成分就是这两种物质。泡打粉在馒头、油条及其他各种膨化食品中应用广泛，起着快速发泡和起酥的作用。

根据联合国粮食及农业组织和世界卫生组织的食品添加剂联合专家委员会提出来的健康指导值，每人每周铝元素的安全摄入量为每千克体重2毫克。2015年国家食品安全风险评估的预算法评估结果显示，我国居民因消费添加含铝添加剂的食品而摄入的铝已超标，每周的摄入量为每千克体重8.75毫克，远超过"2"这个数值。

目前，我国也有研究发现铝与阿尔茨海默病有关，但这一点还未形成学术界的共识。学术界较一致的看法是，铝主要会影响骨骼和神经系统健康。

中国工程院院士、食品安全专家陈君石表示，不是说铝摄入超标就会发生中毒，而是发生有害作用的可能性增加了，所以一般不建议超标，真正的危害要看超过多少、超过多长时间。风险评估的目的就是做出评估结论，并提出相应的建议。

/ "无铝"乃正道 /

"其实，国家只是禁止含铝的添加剂，并没有禁止泡打粉。现在有不少厂家正在积极研发不含铝的泡打粉。"面粉加工行业人士介绍说。

不少包子、馒头使用泡打粉，是因为泡打粉中的明矾遇水产生气体，这些气体填充到馒头、包子中，使得它们发酵松软。

其实使用酵母发酵也产生气体，只不过酵母是通过生物发酵产气，而泡打粉是遇水发生反应产气。另外，使用泡打粉能迅速产气，而用酵母容易产气量不足，导致馒头、面包发硬。

所以对于大多数商家来讲，他们更喜欢快速产气发酵的泡打粉。

"两种产品的发酵原理都是产气，对于馒头和面包来讲，只要能找到发酵效果和含铝泡打粉一样快速产生气体的添加剂，就能使馒头和面包在发酵过程中产生和泡打粉一样的效果。"该人士介绍说。

2014年12月，广东省佛山市南海区4批无铝泡打粉顺利出口英国、法国、意大利和西班牙等国，这是南海区此类产品首次出口欧洲。

近年来，南海区泡打粉出口占据广东省此产品出口量的95%以上，但产品主要是含铝泡打粉，市场集中在非洲、中东、东南亚等国家和地区，产品价格较低，企业利润空间有限。作为泡打粉中的高端产品，无铝泡打粉品质好、单价高、市场前景广阔。

此外，安琪酵母专门开发了不含明矾成分的无铝双效泡打粉，可用于制作蛋糕、发糕、麻花、麻团、沙琪玛、包子、饼干等食品。该产品具有双重产气功能，即在遇水、高温制作两个环节中都会产气，能达到让馒头、面包"瞬间膨松"的效果。

郑州海韦力食品工业有限公司也研发了无铝双效泡打粉，以替代传统的含铝泡打粉，用于馒头、包子的加工，而且不会造成食品中铝含量超标。

中国粮油书系（第三卷）
农经视野

区域品牌篇

Quyu Pinpai Pian

巴彦淖尔：中国强筋小麦地标

□ 郝瑞

　　河套平原土地肥沃，日照时间长，昼夜温差大，独特的自然条件十分有利于农作物集聚营养。巴彦淖尔小麦品质卓越，蛋白质和面筋含量远远高于全国小麦平均水平，是国家地理标志证明商标产品。品质决定价格，巴彦淖尔是世界上原产地小麦收购价格最高的地区。

***

　　2017年3月中旬，内蒙古自治区巴彦淖尔市五原县举行了"2017年全区耕地质量建设年启动仪式暨春播第一楼现场会"，数千人聚集于此，载歌载舞，庆祝春播。

　　在中国几千年的农耕文明发展中，这类古代常有的活动，近代已逐渐失去踪影，如今在巴彦淖尔看到了农耕文明的传承和延续，不由使人心头生出一股暖意。

　　五原县人均耕地5~6亩，小麦亩产近千斤，种"永良4号"可以卖到1.6元/斤以上。那么，这里的小麦为何能卖到如此高价呢？

优质小麦出"河套"

黄河是中华民族的母亲河,她从青海境内的巴颜喀拉山开始,一路奔腾咆哮,九曲十八弯,"几"字弯流经宁夏、内蒙古地区时,形成"河套"。古语云:"黄河百害,唯富一套。"因有黄河水的滋养,河套地区水资源丰富,加上气候、光照、温度等各种先天优势,使得当地农业迅速发展。

内蒙古自治区巴彦淖尔市地处河套地区的"东套",粮食资源丰富,历来是重要的商品粮生产基地。据相关部门统计,巴彦淖尔市小麦种植面积190余万亩,总产量约13.8亿斤;玉米种植面积208万亩,总产量24.5亿斤;油葵种植面积66.3万亩,总产量2.8亿斤;食葵种植面积136.9万亩,总产量6.4亿斤。

巴彦淖尔系蒙古语,意为"富饶的湖泊"。

河套平原水资源丰富,黄河自西向东横贯全境。河套灌区有以三盛公黄河水利枢纽工程为主体的完整的引黄灌溉系统。

河套平原土地肥沃,日照时间长,昼夜温差大,年平均日照时数为3192小时,是中国光能资源最丰富的地区之一。独特的自然条件十分有利于农作物集聚营养、提升品质、改善口感。远离工业污染,又使河套农产品拥有了绿色健康、营养均衡、口感独特的资源禀赋。巴彦淖尔小麦品质卓越,蛋白质和面筋含量远远高于全国小麦平均水平,为国家地理标志证明商标产品。目前,巴彦淖尔是世界上原产地小麦收购价格最高的地区。

在20世纪90年代,河套地区小麦种植面积最高年份达460万亩,近年来在130万~150万亩徘徊。

"拉面王子"演绎传奇

电影《决战食神》中,葛优饰演的洪七云游的时候,遇到两个正在吃馒头的小和尚。洪七品尝之后评价说:"这个馒头,小麦是河套的,但发酵的时间长了,揉面的时间短了,上蒸笼的时候火候过了,所以很一般。"小和尚听了这话,一脸的崇拜之情显露无遗。

巴彦淖尔广为种植的小麦品种是"永良4号"。该品种也曾多次在山东、河北等优质小麦产区进行替代试验，都生产不出同样口感的小麦粉。在巴彦淖尔，当地人尝上一口馒头或者面条，就能吃出来是不是当地的小麦。

"我们的小麦绿色、天然，面粉筋道，国内、国外很多消费者就认我们这里的小麦和面粉。"巴彦淖尔市粮食局一位工作人员骄傲地说。

巴彦淖尔小麦粉品类繁多，主要用来加工高筋专用粉，制作的挂面、手拉面、延面及馒头、面包等各色主食享誉国内外。

因为品质好，巴彦淖尔小麦粉及其加工产品畅销国内外市场数十年，受到消费者青睐。有"拉面王子"之称的国际著名餐饮大师厉恩海，曾用一公斤面粉制出的面团，拉制出52万多根细如发丝的龙须面，累计长度达1,268,776.96米，相当于世界最高峰——珠穆朗玛峰的143倍。

2007年，厉恩海专程到巴彦淖尔市临河区，在巴彦淖尔市面粉加工龙头企业——内蒙古恒丰食品工业（集团）股份有限公司（简称"恒丰集团"）现场表演了拉面绝活儿：用一公斤"河套牌"面粉抻出209万根拉面，并且在一个针眼内穿入39根拉面。

2015年和2016年，厉恩海又分别在巴彦淖尔、北京等地的会议上现场进行拉面表演，用的全是巴彦淖尔小麦粉，现场反响热烈。

2017年初，中国人民大学农业与农村发展学院副院长郑风田走进巴彦淖尔，品尝过当地面粉做出的馒头之后，由衷称赞。

/ 龙头企业引领带动 /

"我们2017年春天种植'永良4号'小麦，秋天最低价格也能卖到1.6元/斤。"五原县一位种植户表示。早在2016年秋末，恒丰集团便对广大农户发布公告：2017年套区"永良4号"优质小麦，订单收购保护价1.6元/斤。集团建议有意愿种植的农户尽快做好秋浇保墒工作。

2016年以来，全国葵花、玉米价格疲软，让种惯了这两种大宗作物的河套农民一筹莫展。2017年究竟种什么、种多少大多数人心里没有了底，前几年并不被看好的农业订单如今成了抢手货。小麦的比较效益也相对提升，农户种植小麦的积极性有所回升。

2017年，以恒丰集团、内蒙古兆丰河套面业有限公司（简称"兆丰公司"）等为首的当地面粉加工企业扩大了小麦种植订单面积，并通过推广麦后复种燕麦草、西兰花等技术，保证农户种植小麦的经济收益，为农民开春安排种植"雪中送炭"。

据了解，巴彦淖尔市的面粉加工产业从无到有、从小到大，历经了50多年的发展历程。尤其是20世纪90年代初期，巴彦淖尔小麦加工产业得到了快速发展，现已初步形成了高中低档产品并举、精深加工起步的格局。

恒丰集团是当地最大的小麦加工产业化龙头企业，年加工小麦25万吨。60余年的发展历程中，恒丰集团获得国家和自治区各级荣誉称号无数，集团精心培育和打造的"河套牌"商标是面粉行业唯一的中国驰名商标，高端产品的市场占有率居全国同行业前列。

恒丰集团董事长魏建功介绍说，2017年签订订单30万亩，由集团统一向农户提供小麦籽种和化肥，保证原料品质。

而以生产加工绿色有机石碾面粉为专长的兆丰公司，2017年也拿出10万亩订单"大礼包"与农民签约，是2016年订单面积的2倍多。公司副董事长李国强说："公司致力于河套小麦全产业链加工，我们绿色、富硒小麦按照每斤2元的价格与合作社、农户签订订单，每斤收购价格高于普通河套小麦0.4元，真正让麦农获得种植红利。"除了恒丰、兆丰两大龙头企业，全市还有大大小小的面粉加工企业80多家。2017年河套小麦播种面积突破150万亩，其中四成以上属于订单种植。

"我们'河套'小麦粉品质好，产品销售价格也较高，而粮源却非常有限，市场上连年呈现供不应求的局面。作为主导企业，我们愿意以高价收购小麦，提高农民种植小麦的积极性，提高农民收入，保障粮源供应。"恒丰集团董事长魏建功表示。

样本解读

恒丰集团：优质"河套"雪花粉缔造者

优质的产品和品牌，为恒丰集团的销售带来了佳绩。目前，恒丰集团的销售网络覆盖全国130多个地区，产品出口日本、俄罗斯、新西兰、加拿大等国，高档面粉的市场占有率居全国前列。

内蒙古恒丰食品工业（集团）股份有限公司坐落在巴彦淖尔市临河区，其前身是一家始建于20世纪50年代中期的面粉加工企业——临河面粉厂。建厂之初，该厂仅有3台600型磨粉机（日处理小麦60吨），几间土木结构的办公室以及土坯结构的储粮仓。

20世纪60年代中后期，内蒙古自治区粮食局（当时为内蒙古自治区粮食厅）投资7万元，扩建了临河面粉厂。1977年，临河面粉厂年生产能力从最初的1.3079万吨上升到1.453万吨，年利润从当初的5万元上升到11.2万元。

如今，恒丰集团拥有4条具有国际领先水平的面粉生产线，并引进世界一流的检化验设备，现有固定资产5亿元，日处理小麦850吨，是我国西北地区大型民营现代化面粉加工企业集团之一。目前，恒丰集团拥有10个子公司，形成了集种、养、加、科、工、贸为一体的产业化经营发展模式。

/ 注重基地建设 /

从2003年开始，恒丰集团通过实施"公司＋科研＋农户"的基地建设管理模式，完善以利益合同为纽带的订单机制，保证现款优质优价收购，并为基地技术依托单位提供必要的资金支助，形成规范的农业产业化经营模式，每年与农户签订订单，实现了农民增收、科研成果落地、企业增效的多赢格局。

2014年,恒丰集团订单种植绿色优质小麦18万亩,包括推广富硒小麦4.2万亩,带动农户约1.7万户,农民户均增收540元;科研技术服务创收60万元;为农民垫付籽种费用,设点收购和免费存储,让利约68万元。

2016年,恒丰集团签订小麦订单23万亩,2017年达到30万亩,而且由恒丰集团统一提供小麦籽种和化肥,保证原料品质。

在恒丰集团的带动下,河套小麦平均收购价格每年比河南、河北、山东等小麦主产区高出0.2～0.4元/公斤,20多年来始终保持全国第一。

2014年,内蒙古河套地区的小麦收购价为3.3元/公斤,成为世界产地收购价最高的小麦品种。

同时,恒丰集团尝试探索以点带面的方式建设企业小麦种植基地。从2010年开始,恒丰集团采取的是租赁第二轮承包土地使用权,以长期的模式自建企业小麦种植基地,先后在五原县、临河区等地陆续建设成千亩连片小麦种植示范基地5个,流转土地5047亩。

由恒丰集团牵头成立的专业农业合作社,建立农场式生产管理制度,按种植区需要配备相关农机生产设备,由合作社负责每年度的小麦种植和轮作的统一管理,如乌中旗石哈河镇邰北村"乌中旗石哈河恒达原生态种植专业合作社"。2014年,与合作社农户共同实现绿色、原生态小麦种植2万亩。2016年,建立6万亩的小麦种植基地,实现定向收购原生态小麦,带动合作社农户每亩增收20%～40%。

/ 多环节把控 /

从一个小型的集体面粉厂,到一家大型的全产业链面食品集团,恒丰集团将小麦面粉产业链的上下游各领域工作做到了极致。

目前,恒丰集团的业务范围涵盖基地种植、粮食收储、面粉加工、面食品深加工、市场运营、物流运输等多个领域。

此外,恒丰集团在良种科研、小麦深加工、网点布局及售后服务方面,颇下了一番功夫。

以销售网络为例,优质的产品和品牌为恒丰集团的销售带来了佳绩。目前,恒丰集团的销售网络覆盖全国27个省、直辖市、自治区的130多个地区，售后服务系统完善，产品出口日本、俄罗斯、菲律宾、韩国、朝鲜、蒙古、新西兰、加拿大等国家，高档面粉的市场占有率居全国前列。

关于"河套"品牌建设，恒丰集团董事长魏建功说："一是通过企业宣传和引导，以产品品质维护品牌；二是有赖于本地党委、政府以及公安、工商、技术监督等有关部门的高度重视、共同呵护，依法维护好'河套'商标专用权，我们才能管理好、使用好这一宝贵财富。"河套孕育了恒丰集团，恒丰铸就了"河套"品牌。2016年，恒丰集团共加工小麦14.37万吨，销售面粉10.45万吨。

/"一体两翼"发展/

2015年，恒丰集团确立了"一体两翼"的发展战略，即"以面粉加工为主体，一方面向基地种植、收购、仓储发展，另一方面向精深加工发展"的总体思路，全力打造百年企业，努力建设1000个千亩连片种植基地，进一步实现全产业链经营，促进企业整体或局部上市。

目前，恒丰集团已全面启动以上远景发展战略，在整合区域资源的基础上，强化产品创新，延长产业链，逐步向产品深加工、高附加值的方向发展，努力推动"河套""大公"两大品牌在市场中的影响力和竞争力。

恒丰集团投资3.2亿元在巴彦淖尔市经济开发区开发建设"河套绿色食品工业园"，园区总占地面积20万平方米，优质小麦基地建设以及绿色富硒小麦深加工项目正在按计划实施。其中，投资9000万元的一期项目包括年产1万吨富硒挂面生产线、年产20万个富硒馒头生产线、年产2000吨富硒通心面生产线和年产7500吨富硒手延面生产线，现已投产；二期工程项目包括年产1万吨保鲜面团食品生产线项目、年产1700吨胚芽蛋白食品生产线建设项目、年产160吨小麦胚芽油生产建设项目、年产5600吨小麦谷朊粉生产建设项目和年产1万吨膳食纤维生产建设项目等。

项目实施后，恒丰集团将立足地区资源优势，以市场为导向，以技术为动力，积极从资源型向产品深加工、精加工项目推进，从面食品加工企业向多元化经营跃进。

产业观察

守望中国最优质的麦田

巴彦淖尔小麦品质好,即使用同样的种子,换到别的地方种植,种出来的小麦也不一样。所以,巴彦淖尔地区的小麦,具有独特性与唯一性,在市场上广受青睐。虽然收购价格十几年来一直在全国处于最高,但仍是加工企业的抢手货,这也是巴彦淖尔市面粉企业在行业内的竞争优势所在。

20世纪末,河套地区春小麦每年种植面积约为30.6万公顷(约459万亩),目前种植小麦面积比起高峰期明显"缩水"。

小麦品质再好,如果种植面积太少,粮源一直减少,企业也会面临无原料可加工的问题。所以,保护及保障巴彦淖尔的小麦供给,成为一个紧要问题。

/ 种植面积为何下降 /

"导致小麦种植面积下降的直接原因是种植小麦投入大、效益低。"业内相关人士表示,"小麦用水量大,生长期最少要浇3~4次水,而葵花只需要浇2次,国家分配的平价水种小麦根本不够,必须购买价格相对较高的议价水。种植1公顷葵花的纯收入相当于3.6公顷小麦。"在巴彦淖尔,大多数农民即使种小麦,也是用来自留口粮,而有的农民已经连续几年不种小麦。"像城里人一样,买面粉吃。"这是当地农民颇为普遍的想法,因为仔细算算账,大家觉得买粮吃比种口粮更划算。

据不完全统计,城郊农民90%已不种植粮食,在农村也有30%左右的农民不再种植小麦等粮食作物,而且这一比例仍在不断增加。

"河套优质春小麦"这一具有国内外优势的粮食作物正在被逐渐丢弃,以"河套牌"雪花粉为代表的河套优质小麦品牌以及国内小麦粉加工行业唯一的驰名商标面临粮源不足的危险。

2004年以来，国家一直关注"三农"问题，逐步加大扶持力度，想方设法增加农民收入。为鼓励粮食稳产增产，国家出台政策对种粮农户实行了粮食直补，在全国各地普遍推行了这一政策，但具体操作方法不一。

巴彦淖尔市粮食直补的做法也和国内大多数地区一样，是按种植土地面积平均分配补贴，种粮与否都一样。于是，多数农民拿到种粮补贴却种了效益更高的经济作物。

近年来，随着巴彦淖尔小麦种植面积的逐年减少，各地小型面粉加工厂对当地小麦恶性抢购，简单的无效益加工对越来越稀缺的河套小麦无疑是一种资源浪费。

/ 维护巴彦淖尔小麦品牌 /

一个品牌的确立，要经过许多人的努力。"河套牌"系列产品打的是巴彦淖尔小麦这个品牌，在市场上以质取胜。它不仅仅是企业的品牌，更是巴彦淖尔农产品品质和形象的代表。

在效益衡量下，农民种植小麦积极性不高。在利益驱动下，为了追求利润，部分小型面粉加工企业一方面采取各种不正当竞争，比如直接灌装外地面粉，甚至采取掺假、造假等违法行为，破坏河套小麦粉的品牌形象；另一方面，大打价格战，扰乱了市场良性竞争环境，对优质优价的巴彦淖尔河套特色面粉产品销售影响巨大，对巴彦淖尔河套小麦粉品牌整体发展壮大造成了极为不利的影响。

业内相关人士表示，在此情况下，"加大政策扶持，改变补贴方式，使种粮补贴资金集中向小麦种植倾斜"势在必行。由于种植小麦的效益在粮食作物里是最低的，农民没有积极性可以理解。以往的种粮补贴方式是按照农民拥有核准耕地面积进行补贴的，如果改为直接补贴到农民流通商品小麦上，由核准有资质的收储企业和龙头企业在收购时卖一斤补一斤，那么不种粮的农户自然得不到粮补，这样不仅可提高种粮补贴力度，而且真正起到了国家种粮补贴款的作用，可有效调动部分农民种粮的积极性。

另外，在国家不断加大粮食作物扶持之际，针对我国粮食产需缺口逐年增大和粮食生产重心由南北移的格局,国家将进一步加大对东北、西北的粮食生产大县的投入和奖励,并建立长效的激励机制,在基础建设、粮食流通、市场调节、科技支撑、安全立法等方面加快建设步伐。

由于小麦面粉加工业本大利薄,在小麦收购季节,面粉加工企业需要大量资金向农民支付售粮款,资金不足、融资难是困扰面粉产业发展的一个现实问题,亟须各级政府在融资政策和渠道上形成共识,出台相关扶持政策。

巴彦淖尔河套平原气候干爽,种植小麦病虫害轻,有条件生产绿色产品。河套面粉加工产业有必要加强绿色食品基地建设,大力开展绿色食品基地的认证,大打"绿色""特色"牌,与时俱进,提升竞争力指数。

山西：昔日"杂粮王国"变"杂粮厨房"

□ 王盟　郝瑞

　　一直以来，业内都流传着一种说法："世界杂粮看中国，中国杂粮看山西。"随着生活水平的提高，"养生"逐渐成为消费者追求的目标，而养生概念丰富的粗粮、杂粮开始变身"宠儿"，这为杂粮产业提供了巨大的发展空间。作为滋润小杂粮生长的"理想王国"，山西省杂粮产业更是获得了前所未有的机遇。

＊＊＊

　　"人说山西好风光"，这句话曾经每天都在央视《朝闻天下》栏目广告时间滚动播出。
　　山西省，位于河南和河北西边、内蒙古南边、陕西东边，境内2/3的地区都是山地，这样的地方不适合小麦、水稻等传统主粮作物生长，却成为红豆、小米、豌豆、荞麦等小杂粮作物生长的"理想王国"。
　　随着生活水平的提高，"养生"开始成为当下消费者追求的目标，"食补"流行，而粗粮、杂粮也逐渐成为消费者热衷的对象，这为杂粮产业提供了巨大的发展机遇，以杂粮产业为主的山西省更是获得了前所未有的机遇。

一直以来，业内都流传一种说法："世界杂粮看中国，中国杂粮看山西。"特殊的地形、多样的气候、悠久的农耕历史和丰富的杂粮品种资源，使山西成为优质杂粮的"黄金产区"。

这片面积只有15万多平方千米的土地上，生长着上百种各种各样的杂粮品种，其中一些已经走出国门，成为国外人民日常饮食的必备食品。

/ 小杂粮里炼出金 /

统计数据显示，2014年，山西省杂粮种植面积为1385.7万亩。围绕粮食品种丰富、优势明显的特点，该省稳步实施以规模化、优质化和产业化为重点的"东西两山"小杂粮生产优势区域建设。2014年全省小杂粮生产再获丰收。

山西省小杂粮常年种植面积约占全国的10%，占全省粮食作物播种面积的34%，总产量25亿公斤，占全省粮食总产量的25%。其中，谷子总产量居全国第二位，荞麦总产量居全国第三位，燕麦总产量居全国第四位，马铃薯总产量居全国第五位。

2012年，山西省启动杂粮产业振兴计划，打出一系列"组合拳"，优化品种结构，培育龙头企业，建设生产基地，重点发展优势杂粮。2014年，山西省粮食局相关领导多次公开表示，山西小杂粮必须在精深加工方面下功夫，瞄准高附加值产品，与传统的酒、醋等产品结合，发展特色杂粮的衍生品，并着力促进企业、基地、农户和市场的衔接，延伸产业链。

不难看出，发展杂粮产业已经成为山西粮食行业的一个主导方向，依托这个主导方向，该省不断拓展杂粮品种，挖掘优质杂粮品种的附加值；同时还积极拓展杂粮产业的下游，搞好深加工建设，将杂粮"吃干榨净"。

山西臣丰食业有限责任公司（简称"臣丰食业"）以苦荞为原料，生产苦荞健茶、苦荞清饮、荞麦混合粉、杂粮方便冲调食品、沙琪玛，以及以苦荞壳为原料的床上用品4大系列100多个品种。

臣丰食业副总经理梁俊介绍，企业自有品牌"三清"的核心就是"清心、清新、清三高",充分挖掘苦荞的营养价值。

山西朔州山老汉农产品开发有限公司成立的时间并不长,不过已经发展成为朔州市农业产业化龙头企业,杂粮产业不仅消化了周边原粮,还为农民提供了就业场所,实现了一个企业带动了一个产业发展的效果,受到当地粮食局的高度评价。

"'山老汉'的名字听起来虽然挺土气,但是很'接地气',给消费者一种纯朴和踏实的感觉。这里生产的产品更有乡土气息,也更能突出山西当地杂粮的特色。"这是业内人士对"山老汉"的评价。

"我们生产的地皮菜、摘麻花、黄小米、黑小米、精品纯莜面、豆面、荞面、黄米面、豆面糊、胡麻油销售业绩都不错。尤其是胡麻油还是高端食用油,市场前景很好。"山老汉农产品开发有限公司总经理张皓玉说。

朔州市粮食局局长智杰山表示,杂粮产业已经成为朔州粮食行业的重头戏,它改变了传统的杂粮种植模式,提高了农民收入,带动了农民的种植积极性。

/ 做好"个性"文章 /

在提到杂粮的时候,业内总喜欢在前面冠上"小"字。一个"小"字,不仅表明了这个产业的规模,也表明了这个产业和传统主食产业的不同之处,因此杂粮产业的销售模式和销售策略也有自己的独特性。山西的诸多企业根据地域以及杂粮的特性,探索出了不同的发展道路。

忻州市汇丰粮业有限公司(简称"汇丰粮业")精心筹划的"饭中有豆"杂粮电子商务平台于2015年8月23日正式上线。据了解,"饭中有豆"杂粮电子商务平台是山西省第一家线上线下相融合的杂粮电商平台。平台于2015年初开始规划建设,电商发布产品涉及特色小米、特色杂粮豆、石磨杂粮纯粉、杂粮面条、土特产、大米、小麦面粉、食用油等8大系列100多个品种。

山老汉农产品开发有限公司积极开拓"互联网+",设立了微信公众账号,用于宣传和提高公司品牌知名度。

张皓玉介绍,他们在太原、北京、朔州等地设立了多个销售分公司,一方面将公司的销售网络从山西布局到全国，一方面拓展渠道，为产品销售找到不同的方法。

臣丰食业打造荞麦加工全产业链，除了生产荞麦米、荞麦面等产品，还不断向荞麦产业上下游发展，用荞麦壳做出各种样式的枕头、坐垫，把荞麦加工成易拉罐装饮料。

而山西晋荞米业有限公司注重科技研发，从小杂粮中提炼出营养成分，做成营养品，追求"卖油不卖油，卖粮不卖粮"的更高目标。

山西中大科技有限公司将亚麻籽进行高科技冷榨，产出高营养亚麻籽油；生产的油脂、胶囊产品不仅营养价值丰富，毛利率也是传统杂粮产品的数倍。公司总经理韩君涛透露，该产品经多人试用，效果十分明显，未来市场空间巨大。

晋中黄彩苑农业食品科技有限公司主打特色小米，其小米被评为"天下第一谷"。该公司不单单销售小米，还将小米酿酒进行地窖冷藏，68度的小米酒香醇凛冽，未经销售便被提前订购一空，供不应求。

此外，一些企业则立足公司品牌，不断挖掘杂粮产品的附加值，并将这些产品作为公司打开销路、提升知名度的"撒手锏"。

杂粮，一直"养在深闺人未识"。

近年来，山西小杂粮逐渐成为中国乃至世界的一个新名片，尤其是杂粮的价值被一些企业发掘和推广。沁州黄、忻州杂粮、红芸豆等，成为这些地区的地方标志产品。这些"犹抱琵琶半遮面"的小杂粮逐渐被越来越多的消费者认可，大家开始认识到小杂粮的营养价值。

小杂粮不再"小"。山西小杂粮，将引领中国杂粮产业新的发展之路。

样本解读一

汇丰粮业：让"五台山"牌小杂粮享誉全国

"世界小杂粮在中国，中国小杂粮在山西，山西小杂粮在五台山。"行业盛传的这句话，应该是对五台山小杂粮的最高评价。

忻州市地处佛教圣地五台山脚下，交通便利，北依塞外煤城朔州，南抵省府龙城太原，东靠太行山麓——有五台山坐落，西邻吕梁山脉——有天下奇观芦芽山横贯，更有中国的母亲河——黄河由西经过，是中华文明的发祥地之一。这里地处晋北黄土高原，终年干旱少雨，四季分明，典型的温带大陆性气候，降雨集中，无霜期长，日照时间长，昼夜温差大，特别适合小杂粮的生长；同时传承了几千年的传统耕作方式，所产的杂粮粒大、颗满、绿色、营养，所以忻州是中国的"小杂粮王国"，更是"中国杂粮之都"，自古享有盛名。

山西省忻州市汇丰粮业有限公司是忻州市粮食局于2008年投资兴建的专业生产、加工、销售小杂粮的龙头企业，总资产800万元，拥有现代化的加工车间、1000余平方米的恒温库、200平方米的直营店和100多个加盟连锁店、3个1500吨的产品储藏库、数十台配送车辆，员工百余人。

汇丰粮业拥有国内最先进的"麦饭石"石磨生产线两套、小米生产线一套、全自动多功能打包机两套、真空机若干套等专业设备，所生产的产品不仅原汁原味，而且营养价值更高。近年来，公司自建了2万亩黑、白、黄、绿谷子，黑花生、黑甜玉米、杂粮豆等杂粮基地，并与全市14个县市的杂粮种植户和农民合作社签订了收购合同，真正实现了"公司＋基地＋农户"的发展模式，成为当地集杂粮种植、加工、贸易于一体的农业产业化龙头企业。

汇丰粮业总经理高文凯说："汇丰粮业成立之初就注册了'五台山'商标，主要产品有黑白黄绿四色小米系列、豆浆原料系列、石磨杂粮纯粉系列、特色杂粮面条系列、杂粮豆类、土特产系列6大类100多个品种，产品畅销全国各大城市并远销东南亚。"汇丰粮业注册的"五台山"商标于2012年被山西省工商局评为"山西省著名商标","五台山"牌四色小米被中国粮食行业协会于2012年在全国杂粮展示交易会上评为"产品金奖"。

"随着网络信息的发展，公司又开通了'五台山杂粮商城'网店和杂粮商城手机客户端。我们的杂粮商城叫作'饭中有豆'（www.fanzhongdou.com），不久就将上线，这样，消费者足不出户就可以买到各种'五台山'小杂粮啦。"谈起新媒体销售，高文凯信心满满。

笔者从企业的相关资料中获悉，"饭中有豆"杂粮商城所售产品的品类及规格颇多，有小米——黄、白、绿、黑，有豆类——红芸豆、黑豆、黄豆、红小豆、豇豆、绿豆等，有杂粮豆礼盒组合装、杂粮面礼盒装……高营养、小包装、易保存、易配送。

"经过多年的发展，汇丰粮业逐渐步入了科学运营、规划超前、发展稳定、前景广阔的市场运作的快车道。随着主食杂粮产业化的全面实施，在各相关单位的大力支持以及公司全体员工的努力下，汇丰人定能打造一家集杂粮生产加工、经营贸易、主食杂粮产业化和市场化为一体，产品多元、绿色高能、优势互补、辐射纵深、管理超前、运营顺畅的现代化企业。"高文凯表示。

样本解读二

臣丰食业：将"苦荞茶深加工"进行到底

"由于苦荞颗粒多，因此需要消费者把产品买回家，沸水冲泡后饮用。本以为这便是苦荞的深加工，而'古道三清'黑苦荞汁是易拉罐装，可从超市、便利店、自动售卖机简单购买，3~4元便可轻松喝到，苦荞深加工得到进一步创新。"这是到过臣丰食业的人们的共同感受。

"我们的'古道三清'清脂、清毒、清三高。之所以这么说，是因为其原料——黑苦荞富含黄酮（芦丁）70%以上，而芦丁是临床治疗'三高'很有效的辅助药物。'古道三清'苦荞茶汁中苦荞蛋白有1/3是清理蛋白，可清理体内的毒素和异物，排毒功效显著，有'毒素清道夫'的美称，民间称其为'净肠草'。苦荞还富含维生素P、硒元素、蛋白质、矿物质及18种氨基酸，也是熬夜加班者理想的排毒饮品。"臣丰食业总经理王华介绍。

据了解，臣丰食业成立于2008年，坐落于距离朔州市100多千米的右玉县工业园区，注册资本2800万元，公司占地面积100亩，现有3条生产线，职工150名，公司拥有种植基地40,000亩，大、中型农机设备10台（套）。

在臣丰食业的产品展示大厅，可以看到各种与苦荞产业链相关的产品，如苦荞系列深加工产品，包括苦荞健茶、荞麦混合粉、杂粮方便冲调食品、沙琪玛等和以苦荞壳为原料的床上用品4大系列多种规格100多个品种的产品，琳琅满目，颇为壮观。

臣丰食业副总经理梁俊介绍："我们臣丰食业既然做苦荞，就是一心想怎么把苦荞产业做精做深。做产业难，把一个品种做到极致，更难，我们一直在不停地钻研。"其实，苦荞茶只是臣丰食业的主打产品。企业本身是一家集科研、种植、加工、贸易于一体的，面向国内、国际市场的小杂粮健康食品深加工企业。

"臣丰食业立足小农产品开发，很好地发挥了朔州市小杂粮资源丰富的优势。臣丰食业的自主品牌'臣丰''古道三清'，都是山西杂粮市场上的明星产品。"山西省朔州市粮食局局长智杰山说。

智杰山进一步肯定了臣丰食业取得的成绩："数年来，臣丰食业以'传播食疗健康理念'为宗旨，坚持'追求、发展、壮大'的经营理念，致力于现代化企业发展的方向，坚持'以产品壮大企业、以企业带动基地、以基地推动产业'的发展战略，努力营造'市场牵龙头、龙头连基地、基地带农户'的龙型产业体系，采取多种有效措施，调动农民种植积极性，大力培育原料基地，确保公司生产的原料供给，使基地农民获得更大利益。其实，臣丰食业带领下的苦荞茶加工，一定程度上改善了朔州市的生态环境和农业生产条件，提高了朔州市农业生产水平，繁荣了农村经济。"

据了解，臣丰食业通过各种形式、多种层次的培训教育，使朔州市一大批农民逐步掌握了有机作物的种植技术和与之相关的科技知识，从而带动了更多的农户致富，使朔州市农户种植的苦荞得到大部分转化，农副产品的附加值大幅度地提高,产业链得以延伸,从而有力地推动了朔州市小杂粮深加工产业化进程,切实解决了农民增产不增收的实际问题,为促进朔州市农村经济健康、稳定、协调、持续地发展做出了贡献。

据悉,臣丰食业二期年产10万吨苦荞饮料生产线建设工程项目总投资1.5亿元,项目包括新建2800平方米日用品生产车间、2800平方米库房、8000平方米饮料车间及其他辅助工程,新增主要生产设备67台(套),主要包括磨浆机、离心机、配料系统、均质机、胶体磨、脱气机、UHT(超高温处理)灭菌机、易拉罐生产线、自动封箱机、水处理设施、空气过滤系统等。

项目于2012年5月开工,2013年底完成设备安装及调试。项目建成后,每年增加销售收入1.55亿元,每年可吸收转化当地及周边无公害绿色苦荞3000吨、苦荞麦苗2400吨,每年带动当地及周边农户实现增收1800多万元。

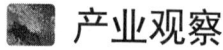 **产业观察**

三晋大地杂粮香

在晋北忻州、朔州,一路走过,没有看到煤烟漫天、尘土遍地的景象,很多时候,天空很蓝,白云朵朵,一个个风力发电机车矗立在丘陵上,平稳地转动着,将丰富的风力资源转化成电能并入电网。

这里的盛夏,山地贫瘠,不过却也郁郁葱葱,生长着各色树木。在很多丘陵上,可以发现很重的政府呼吁保持水土的痕迹:树木大都有专门的工具固定,等待长大成材之后,再慢慢裁撤。《亮剑》的作者都梁曾说,山西,尤其是晋西北的山地,相比南方比较贫瘠,很多山上寸草不生。如今旧貌换新颜,这里的水土也得到了有效的保护。

山西正在悄然发生着变化。

同样点亮三晋沟沟坎坎的,还有谷子、荞麦、燕麦等多姿多彩的杂粮。

稀缺的平地让这里的农民只能开辟山地资源种植谷子、玉米等杂粮作物，本来只是用来果腹，却不经然让这里成为小杂粮的天堂。在忻州、朔州、晋中等地，举目可见各种各样的杂粮勃勃生长，不由让人联想到"人说山西好风光，地肥水美五谷香"的场景。

山西是粮食销区，这里的小麦和大米需要从省外调入。先天不足让这里的大米加工和面粉加工企业罕见，杂粮加工企业成为粮油产业的主力。这些企业积极挖掘杂粮的附加值，将小小的杂粮打磨成为享誉全国乃至世界的"金豆豆"。

山西发展杂粮产业一般按照两种策略。一个是将品牌作为提升杂粮价格和知名度的重要工具，最鲜明的就是"沁州黄"。山西东南地区的沁县古为沁州，"沁州黄"是这里出产的一种小米，颗粒小，金黄色，被当地人称为"金珠子"。这种被历史典籍记载的小米已经在国内拥有了高知名度，"沁州黄"在全国几乎无人不知，家喻户晓。

值得一提的，还有"中国红芸豆之乡"岢岚县。这里的红芸豆品质优良，并且品种一直在改善。岢岚县粮食局工作人员说，该县红芸豆主要出口国外，以日本为主，每年可创汇上亿元。与此同时，岢岚县还建立了成熟稳定的红芸豆品种改良体系，专门致力于红芸豆的品质改良工作，以实现红芸豆质量和产量的稳步持续提升。

另外一个鲜明的发展战略是挖掘杂粮的附加值，致力于杂粮产业精深加工，尤其是挖掘杂粮的医用和药用价值。一些企业将眼光瞄准在"养生"二字上，如山西臣丰食业有限责任公司的"古道三清"牌苦荞茶，还有山西晋荞米业有限公司，将杂粮做成了药用的胶囊和口服液，真正改变了杂粮的"土肥圆"的特性。

小杂粮，这个当年三晋人民为解决温饱而种植的粮食作物开始了"逆袭"，销售量不断攀升，销售模式日新月异，很多杂粮产品登上了天猫、亚马逊、京东等电商平台，各种当前流行的微商、电商也纷纷推广杂粮。

小杂粮，正在倾力回报着滋养它的三晋大地。

铁棍山药传奇

□ 杨文娟

《太极2》中,一根千年怀山药救了陈家沟和陈家太极拳。虽说故事成分颇多,但山药的确犹如人参,历来被认为是进补佳品,而作为怀山药中的极品——温县铁棍山药素有"神仙之食"的美誉。千年的历史,不断成长的市场,农户的热情,原产地的保护……我们有理由相信,终有一天,我们不会再怀疑手中的山药是不是"正宗"的温县铁棍山药了。

* * *

铁棍山药到底具备哪些优良的特质与发展境遇?笔者特别开启了寻找铁棍山药之旅,为您揭开温县铁棍山药不为人知的秘密。

11月正是山药收获的季节,我们从郑州出发,不到两个小时的车程便到了温县。我们此行的目的是找到真正的铁棍山药。

/ 遇上山药文化节 /

到温县那天，正好赶上当地举办的第二届铁棍山药文化节。坐大巴车进入县城，在一个主干道口，一个巨大的"温县——铁棍山药之乡"广告牌，在清冷的冬日里格外显眼。随后，我们发现街道两旁处处是宣传铁棍山药的红色横幅时，已经置身铁棍山药之乡了。

温县县委宣传部新闻科科长许宏伟是个热心人："目前铁棍山药已经有一定的知名度了，为了让更多人了解温县铁棍山药的独特功效，让更多人吃到正宗的温县铁棍山药，温县从2011年开始举办铁棍山药文化节，目的就是要打造出温县铁棍山药的品牌。"当天，全国第一个铁棍山药交易市场——温县铁棍山药专业交易市场正式启动。"今后，市面上销售的'温县铁棍山药'将拥有独一无二的'身份证'、统一的外包装和防伪标志。"温县农业局怀药服务中心原主任王素霞表示。这些措施将进一步叫响温县铁棍山药品牌。

2012年5月，温县县政府在国家工商总局成功注册"温县铁棍山药"证明商标，又制定了《证明商标管理实施细则》和《包装管理办法》，统一设计了外包装箱基本样式，建立了防伪和追溯系统。王素霞高兴地说："通过山药文化节，温县铁棍山药品牌的知名度提高了不少。"铁棍山药文化节是在县城中心的文化广场上举行的。偌大的场地，已经站满了人。广场上矗立着四面巨大的牌子，分别写着"甜""干""面""香"4个大字，这显然是铁棍山药的口感特征。

文化节上的节目表演很精彩，其中最有看点的是一群身着黑白绸服的年轻人表演的太极拳。一位老者介绍，太极拳能促进内在气血、脏腑、经络的阴阳平衡，保持人体正常的生理功能和健康体魄，能起到健身、疗病、养生的功效。很显然，温县人已经把太极拳作为健体运动的首选，从孩童到老者，人人都会几招。

温县陈家沟是太极拳的发源地之一，每年都有大量的太极拳爱好者前来拜访学习。从1992年开始，这里先后举办了6届太极拳年会，太极拳已经风靡世界，享誉中外。

最近热映的电影《太极》系列，就是以陈家沟太极拳为素材拍摄的。影片中还出现陈家人在危急时刻，将一根千年怀山药变现后，挽救陈家沟和陈家拳的故事。这里且不说历史上到底有无此事，但可以看出影片是做了一番考究的。秦汉时的《神农本草经》记载："山药各地均产，以河南怀庆各地产者良。"

而我们这次寻访的是怀药中的极品——温县铁棍山药。

/温县与铁棍山药/

温县是个小城，人口只有42万。从拥挤的城市来到这里，马上会感受到这里的轻松和舒适。道路上没有匆忙的行人，没有堵塞的交通。举目望去，城市的轮廓已在眼底。一座普通的小城，为何能盛产久负盛名的铁棍山药呢？这不得不说说温县独特的资源优势了。

温县北依太行、南临黄河，享有"山之阳、水之阴"的天然优势。温县地处温带南沿位置，这里年平均气温14℃～15℃，年降水550～700毫米。黄河、济水、沁河携带太行山特殊的岩溶水从温县境内流过，千年的河流冲积使这里的土壤和水质都沉淀了丰富的营养和微量元素。土壤中微量元素和其他矿物质的蒸发弥散，又形成了独特的微生物和微量元素空气结构。

"土壤、气候、水质、空气，多种因素的综合作用，形成了温县得天独厚的自然条件，铁棍山药在这里生长，经过数千年种内遗传变异，逐渐形成了外部形态、生理机能以及有效成分汇聚的温县铁棍山药。"王素霞说到此如数家珍。

其实，历代的中药典籍和名医史志，对温县山药均给予了高度评价。

《本草纲目》记载："山药补虚羸、除寒热邪气、补中、益气力、长肌肉、强阴，久服聪耳明目、轻身不饥、延年益寿。"焦作古称怀庆府，山药、地黄、菊花、牛膝"四大怀药"驰名中外。怀山药作为"四大怀药"之首，医家评价其"温补""性平"，是"药食同源"的典范，近年来社会认可度持续升温。温县铁棍山药又是怀山药中的极品，是历代皇家贡品。

在唐宋时期，温县铁棍山药就通过"丝绸之路"流入西亚和西欧诸国，明代就随郑和船队传入东南亚等地，在海外享有"华药"的美誉，在1914年巴拿马运河通船万国博览会上展出并获金奖，由此蜚声中外。

全国有很多地方出产山药，唯有温县铁棍山药药性最大。20世纪70年代，国家为了缓解怀药供应紧张的局面，曾经组织18个省区到焦作引种山药和地黄，结果引种之后，不仅品种退化，药力也大为减弱，虽然反复来焦作引种，最后也未能解决这个问题。

抗日战争时期，侵华日军曾派本国的植物和医药专家来到焦作，将适宜种植怀药的土壤运回国内进行研究，然后按照配方调配土壤进行种植试验，最后怀药失去药力，不得不以失败而告终。

后来，人们虽然明白了是土壤结构和气候环境所致，但出于对四大怀药的钦敬，便引入了一句当地民谚来解释这种现象，那就是"不见药王药不灵"，药王就是曾在焦作采药行医30年的唐代药王孙思邈。

其实与种麦子、稻谷相比，种山药是个更费心的活儿。"同一地块不能重茬，需要有5～8年时间的休整期。并且山药种植期比较长，前期投入大。我们这里种山药要根据土壤条件、环境进行，还要懂种植技术、采挖技术，这都很重要，尤其对土质的要求很高。"种植户葛保龙的讲解，进一步说明温县铁棍山药种植的不可复制性、品种的珍贵性。但铁棍山药这样珍稀的药食佳品，流传至今可谓命运多舛。

温县岳村乡赵郭作村村主任赵大军告诉我们，在20世纪"以粮为纲"的年代，土地包产到户以后，由于温县铁棍山药产量低、轮作期长，许多农民都不愿种，导致温县铁棍山药品种濒临绝迹。当时的赵郭作村村主任赵三保存了少量铁棍山药种子，退休干部刘站成发现后，在一个井口边种植了一点，才得以让铁棍山药延续下来。这一点我们也在《温县志》中确认，是三分地保留了铁棍山药。

1995年，温县县委、县政府大力发展怀药，县农业局通过提纯复壮，使其被河南省品种审定委员会重新审定为温县铁棍山药，使温县铁棍山药产业焕发了勃勃生机。2003年，温县铁棍山药成为国家原产地保护标志产品。现如今，温县铁棍山药种植面积已达3.5万亩。

而我们真正找到从土里现挖出来的铁棍山药，是在种植户葛保龙的田地里。

老葛在温县铁棍山药专业交易市场开了个门面，来销售他们合作社种植的铁棍山药。由于他的山药品相好,吸引很多人前来咨询。我们一时半会也插不上话,就约好第二天去他的田地里看看山药。

/ 种山药的人 /

老葛的种植地在温县较远的一个村——招贤村,这里是三国时期著名政治家、军事家司马懿的故里。相传就是司马懿在为儿子庆生时,看到席间所上山药与往日不同,品后大为赞赏,因此山药通体呈褐色,形似铁棍,质地坚硬,便将其称为铁棍山药。

不大的县城,出了城便是田地,处于轮休期的地上都种了麦子。滋养的土壤让这个地块的小麦也全国闻名,"全国小麦看温县"已是业内流行语。改革开放以来,温县小麦平均亩产一直全国第一。

我们到老葛地里时已有十几个人正在挖山药了。我们走到跟前仔细观看,刚被挖出的铁棍山药真是个其貌不扬的家伙,通体都是毛须,有的还曲曲弯弯。剥去泥土,才能看到山药身上的铁锈色。想来当年呈送给皇帝的贡品,面目也是如这般质朴。

"我们从早上8点半挖到11点,下午从1点半干到4点半就收工了。"老葛说,"成熟的山药一般能达到30厘米以上,长的能达到1米多,挖山药需要向下挖数十厘米,很费体力,所以工人们一天能工作6个小时就不错了。"

老葛的合作社有五六个种植户,共有120多亩地,他自己就有80亩。早在20世纪80年代末,老葛就开始种山药。"当时种子都没有,只有岳村赵国作有一小片地种植,大山药蛋只比花生种大一点点,人家给咱的都是黄豆那么大的。"老葛说,"由于种子小,育种了两年后才适合种植。"

种山药不挣钱,当初许多村民都不愿意种,但老葛坚持了下来。但几年后他就遇到了一个难题。"有多次遇到客户一次要上万吨的货,我们没有那么多,满足不了客户的需要。"老葛说起当时的情景还有些遗憾,那时逐渐意识到要扩大规模。"只要上规模了,市场也就有了。"从最初的2亩地到5亩地、20亩地、50亩地,慢慢地,老葛与多家公司建立了关系,有了出路,也就不愁种植了,种植规模也就越来越大了。

但对于许多人而言，种山药的投入与产出不成正比。现在山药种植尽管能达到规模化种植，成本比小户种植降了1/3，但仍高达5000元/亩，其中人工成本一天高达130元。"我们现在亩产能达到2000斤，理论设计利润空间每亩5000～7000元，如果低于2000元的话，就不挣钱了。"老葛说，"各方面的原因造成铁棍山药的价格较高，所以市面上有大量外地山药冒充铁棍山药，导致真正的铁棍山药的价格上不来。"

铁棍山药价格真正涨上来是在2008年后。"价格足足涨了3倍，从地里挖出来就是10元。"老葛兴奋得无以言表。他已经种植铁棍山药20多年了，现在市场已经完全打开了，当前市场尽管有点乱，但只要把山药种好了，规模做大了，就一定能成。

对于温县铁棍山药产业来说，也是如此。

/ 产业链待深挖 /

温县铁棍山药产量低，具有独特的医药和保健作用，这使其成为国内山药市场上的极品。目前市场上存在大量的形似温县铁棍山药的假冒产品，对正宗的温县铁棍山药产生了极大的冲击。加强品牌保护、延伸产业链成为当地的共识。

在温县铁棍山药交易市场，以山药为原料开发出来的产品以食品居多，有干山药片、鲜山药片、山药粉、山药饮品等。许宏伟告诉我们，目前全县加工企业达到36家、合作社212家，开发药品、休闲食品、饮料、保健品等深加工产品11大类50多个品种，产品已经远销到我国的台湾、香港、澳门和美国、新加坡、越南、印尼等30多个地区和国家。

在历史上，具有"药食同源"特性的铁棍山药，入药的多。早在明末，怀庆府的怀药生产销售已形成规模，府属8县的药商纷至府城（即沁阳）开设药材行栈。到了清朝中期，城中药材行栈已发展到100多家，怀庆成为当时国内五大药材大会（武汉、安国、樟树、禹州、怀庆）之一，"怀庆药都"成为我国四大药都之一。在当地甚至我国台湾和东南亚等受怀药文化影响的地区，姑娘出嫁时，在压箱宝物中总少不了一段系着红绳的干山药。

然而当今以山药入味的药品却不多。"目前铁棍山药作为食用的多。这里面存在一个成本，原料贵，因为比较细，再去皮、加工，就会更小，成本和加工方法限制了铁棍山药的药用。"河南中医药大学教授陈随清告诉我们，"食品是大众化路线，药用是高端化路线，如果一直不和药用挂钩的话，人们就会产生铁棍山药就是供食用的认识，对于山药的发展不太好。"保和堂（焦作）制药有限公司，位于温县城北工业区，以中药材种植加工、中成药和保健食品生产为主业，主要原料为山药、地黄等中药材。"我们已经开发了多款以怀药为原料的药品，其中六味地黄颗粒为国内独家生产。"公司总经理单洋介绍道，"产品主要销往东北三省、北京、广东、上海、四川等10余个省市和自治区。"

也有企业的负责人表示，企业的发展需要政策的支持，如果企业从事精深加工缺乏资金、技术，对山药下游产品的开发将会力不从心。

"作为农副产品，政府可以引导相关投资商进行产业链的构建，不是进行粗放产品的种植。"河南省工商行政管理局商标处李国安表示，"现在需要打造一些精品，要培植农业产业化龙头企业，进行产业链条深加工，以增加山药的附加值。"

其实附加值不仅仅限于产品链的构建。"将怀药文化、太极文化、中医养生保健与旅游结合，这将是一个大的产业。"焦作市中医药管理局原局长何银堂对我们说。

面对这样大的产业，温县已着手从原产地保护做起。作为铁棍山药的原产地，温县一直努力申请原产地的产品保护。到2016年底，温县铁棍山药及其制品通过了国家生态原产地产品保护评定，这将大大增强产品的市场竞争力，品牌价值及售价也能得到大幅提高。

样本解读一

红峰合作社：抱团打品牌　山药变金条

□ 范艳

作为当地一家以铁棍山药种植、销售为主的专业合作社，红峰怀药专业合作社（简称"红峰合作社"）将扩大铁棍山药特色种植作为调整种植结构、发展高效农业、促进农民增收的突破口，凭借独特的管理理念和创新发展思路，使合作社成为产与销之间的一座桥梁。

俗话说"靠山吃山，靠水吃水"，温县人民将铁棍山药这一稀有珍品传承至今，并以此促进了温县的农业发展，增加了农民收入。

/ 聚合力保品质 /

"温县古老的文化底蕴和浓郁的历史背景促进了红峰合作社的迅速发展。"红峰怀药专业合作社理事长马红峰介绍说。红峰怀药专业合作社所在的岳村乡是地地道道的铁棍山药的原产地。

"铁棍山药是老祖宗留给我们的财富，我们不仅要珍惜，更要种好。"秉承着这一信念，马红峰与铁棍山药结下了不解之缘。

1995年，为将世代沿袭传承的珍稀瑰宝铁棍山药发扬光大，高级农艺师马红峰主持创立了岳村乡铁棍山药协会，对铁棍山药进行规范种植、科学管理，使铁棍山药保持更高的药用价值。

2006年，为了发展铁棍山药产业，岳村乡政府号召每个村都要成立两个农民合作社。

"那个时候，农民都不知道合作社是干什么的，成立它有什么用。"马红峰说。

身为农业乡长，又是农科院技术员出身的马红峰为了响应上级号召，亲自上阵，以赵郭作、韩郭作、西郭作这3个铁棍山药主产村为基地，组建了股份制红峰怀药专业合作社，实行"六统一"制度。

经过5年的经营发展，红峰合作社加盟农户由最初的5户发展到现在的1200多户，铁棍山药种植面积扩大到9000多亩。

种植铁棍山药的农户越来越多，可是产量却不高，尤其是新加入山药种植队伍的农户的产量更是不容乐观。眼看这些农户投进去那么多资金和精力，却产不出优质、高产的山药来，马红峰心里很不是滋味。

思前想后，只有提高农民的种植技术，制定规范的种植与管理标准，才能真正提高农民收入，促进产业发展。这么一想，马红峰农科院技术员的工作经验派上了用场。

在管理好合作社的同时，马红峰经常给合作社里的农户进行技术指导和服务。"我做过技术员，懂一些种植方面的技术，所以社里的农户都比较信任我。"马红峰说。

在红峰合作社里，有一张2米多长、1米多宽的大木桌，上面摆满了各种书籍，不少农民坐在桌子旁边翻阅。

马红峰说，这些书是他花了五六千元钱订购的农业技术类书籍，供农户免费翻阅。同时，合作社还推广实施"科技网络村村通"工程，在全乡19个行政村建立起农业技术电子网络平台，为铁棍山药种植户免费提供种植技术和咨询服务，帮助种植户解决铁棍山药生长过程中常见的病虫害问题。

"种山药可不是一件容易事，是有很多门道的，我们农民也得多学知识。"马红峰笑着说。

在红峰合作社的带领下，每年合作社社员比普通种植户每亩地多收入5000余元。社员年人均收入达到1万元以上，带动全县100多个行政村、3000多户村民发展起这一特色产业，种植面积达2万余亩。

/ 树品牌拓市场 /

合作社规模做起来了，社员的收入有保障了，但马红峰还要应对一个难题。

温县铁棍山药生长周期长,产量低,但药效极佳。随着温县铁棍山药的名气越来越大,一些不良商贩为了自身利益,以次充好,将普通的山药当作铁棍山药来出售,大多数消费者分辨不出真假,而温县铁棍山药也没有一个分辨标准。好的东西不仅不被人知,更卖不上好价钱。

马红峰说:"每年温县的铁棍山药还没有成熟的时候,其他地方的普通菜山药就已经进入市场了。由于菜山药产量高,商家将价格压得非常低,但其营养价值跟铁棍山药相差甚远。"

马红峰算了一笔账,种植铁棍山药从土地、种子、肥料、人工成本来算,每亩地需投入5000~7000元,山药亩产为1000~2000斤,按照上限来算,每斤山药最少卖3.5元,农民才能刚刚收回成本。

如何提高温县铁棍山药的价值,同时让消费者分辨出并买到真正的温县铁棍山药,是马红峰不断思考的一个问题。他认为,只有打造出自己的品牌,才能让更多的人受益。

马红峰意识到要提高山药的价值,只有树立自己的品牌。他把目光聚焦在了山药的天然种植上。"我们从选种、种植等都没有农药残留,国家限制的23种农药、禁用的19种农药,在我这里根本不会出现。"2010年,马红峰开始向国家有关部门申请绿色食品认证。可他没想到,这个过程是如此艰苦。

"农业部专家驻扎到我们这里,每天对这里的空气质量以及环境进行监测。"马红峰说。监测队一住就是1个月,6个人3台仪器,花费了将近4万元,前后差不多2年时间,他才得到了绿色食品认证。

有了绿色标签,红峰合作社的山药价格迈上了一个大台阶。"2011年的价格每斤不低于12元,2012年签的价格是每斤不低于10元。"马红峰说。

如今,红峰合作社的山药穿着温县山药的统一"新衣",带着绿色食品认证标签,进入了流通大市场。

红峰合作社在发扬光大正宗铁棍山药的同时,自身建设也是硕果累累,得到了长久发展。2007年,红峰合作社荣获"河南省标准示范基地""焦作市示范优秀协会"等称号;2008年,获得国家出口食品证书;2009年,获得国家注册商标、焦作市示范合作社等诸多荣誉。

如今,红峰合作社已成为温县的一张名片,它和太极拳一道,载着温县的古老文化底蕴和现代文明漂洋过海，已开始走出亚洲，走向世界。

样本解读二

健国怀药：健康行天下　怀药第一品

□ 范艳

焦作市健国怀药有限公司（简称"健国怀药"）立足本地，从源头做起，建立了焦作地区首批无公害铁棍山药基地，以免费加盟的形式加大宣传力度，引导消费者转变观念，使"怀药"和"焦作温县特产"成为密不可分的一体。如今，健国怀药已形成温县、焦作、郑州、北京四大销售网络，全国有400多家加盟店。

人生最大的财富就是健康，这句简单而朴实的话，出现在焦作市健国怀药有限公司宣传册的每一页中。

依托特有的怀药资源，温县崛起了许多怀药加工企业。健国怀药始终秉承着互勉、共进、真诚、有为的企业精神，推动温县怀药产业不断发展。

据了解，健国怀药成立于1986年，以怀药种植为基础，由粗加工向怀药深加工延伸。目前，健国怀药已发展成为集四大怀药种植、加工、科研、销售为一体的河南省农业产业化重点龙头企业。

/ 转型深加工 /

"从小家境不好，早早地就做起了山药买卖。"快人快语的焦作市健国怀药有限公司总经理秦建国回忆起了企业发展的点点滴滴，"我是从山药'二道贩子'做起的。"据了解，焦作市健国怀药有限公司最初叫健国怀药行。在20世纪90年代初,健国怀药行走的是怀药粗加工路线。

一次偶然的机遇,秦建国的怀药生意发生了第一次转型,由粗加工转向了深加工和新产品开发。

在将山药粗加工后运往广州销售的近10年里,秦建国诚实守信,所出售的怀山药品优价廉,从不缺斤少两,受到了不少广州、香港商人的青睐和信任。

经常和健国怀药合作的侨光公司总经理赵先生正是看中了这一点,决定和秦建国合作发展山药深加工产业。

这次前所未有的大订单令秦建国异常兴奋。但兴奋之余,秦建国思考更多的是如何做好深加工。由于赵先生要求的加工方法非常苛刻,健国怀药行从来没有这样做过。他要求把圆柱状的山药切成厚薄一样、长短一致、色泽均匀的山药饮片。在河南中医药大学专家的指导下,秦建国经过1个月的琢磨和反复实践,样品终于做了出来,也得到了赵先生的认可,随后就开始批量生产。自此,健国怀药行成功完成了山药产业由粗加工向深加工的延伸,山药饮片也成了公司的拳头产品,生产量由起初的每月几吨到如今的十几吨。健国怀药行的生意日渐红火,秦建国成了怀药加工方面的"领军人"。

1990年初,为了扩大再生产,健国怀药扩大规模,加盖了十几间厂房,增加了几种不同规格的包装。

/ 从"特产"上做文章 /

有了这次尝试,秦建国更加坚信了怀药深加工的发展之路。但是商场如战场,越来越多的商家盯上了这块蛋糕。

"我们研发出一样新产品,别人就学一样。"秦建国忧虑地说。

在赢得市场的同时,必须战胜竞争对手。在多年的销售过程中,秦建国发现仅仅在台湾,一年就能吃掉干怀山药饮片600~800吨。这让他想到,如果将山药深加工产品进行精美包装后推向全国市场,一定能受到消费者的青睐。然而,推向全国就必须拓展销售渠道。

说干就干,在对市场进行多次调查和尝试后,秦建国大胆设想:铁棍山药是温县特产，如果从"特产"上做文章，这个产业必将前景无限。

随即，健国怀药调整经营策略，立足本地，从怀药的源头做起。首先，在温县县城设立"四大怀药"特产专卖店，将包装精美的山药产品向统一经营山药特产的商店供货，不需要预先支付任何费用，每月售卖后再结算。经销商还可以以加盟店的形式加盟健国怀药，也不收取任何加盟费用。同时，健国怀药加大宣传力度，引导消费者转变观念，使"怀药"和"焦作温县特产"成为密不可分的一体。

这次经营策略上的调整使健国怀药的发展如日中天。如今，健国怀药已形成温县、焦作、郑州、北京四大销售网络，全国有400多家加盟店。

/ 规模化发展 /

渐渐地，健国怀药行的怀药深加工步入规模化发展。2004年，在市县两级农业局、科技局等部门的大力支持下，温县健国怀药行变更为焦作市健国怀药有限公司，注册资金50万元。

温县具有地域特色和市场前景的铁棍山药成了健国怀药的开发重点。健国怀药承包了500亩地种植铁棍山药，建立了焦作地区首批无公害铁棍山药基地。

目前，焦作市健国怀药有限公司占地2.2万平方米，总资产2800多万元，四大怀药种植基地1000余亩，开发了四大怀药食品系列、怀菊花茶系列、怀菊保健枕系列、四大怀药礼品系列、休闲旅游食品系列等50余个品种，还有山药源、地黄源、菊花源等系列功能性饮品。

同时，健国怀药以"公司＋农户"这种订单农业的方式，与怀山药种植农户实行合同定价收购，既保证了货源的数量与品质，又提高了农户种植的积极性。

走出公司大门时，正巧有一车从农户那里收购的铁棍山药运送过来。秦建国走出去，亲自卸货并检验山药品质。就像企业宣传册中写的一样，"健国"精神就是处处追求精致细节。

产业观察

路漫漫其修远兮

□ 杨文娟

"正宗的温县铁棍山药，货真价实！"又是一年山药丰收时，如往年一样，郑州的街头巷尾出现了许多开三轮车卖山药的商贩。

"这是温县产的铁棍山药？"面对商贩的倾力兜售，消费者往往是稀里糊涂就买了，而走到家，还在嘟囔："这是正宗的温县铁棍山药吗？"众所周知，四大怀药产自焦作，即怀山药、怀地黄、怀牛膝、怀菊花，历来都是皇家贡品。而温县铁棍山药又是怀山药中的极品，在海外享有"华药"的美誉。

近年来，随着人们健康养生观念的加强，具有中医保健功效的铁棍山药，当年是王室贡品，如今走进了千家万户，铁棍山药品牌逐渐被叫响。

名气大了，自然有想"傍"的。由于消费者对山药品种认识不足，无法分辨市场上的山药，域外很多山药就打出温县铁棍山药的招牌，使得山药市场良莠不齐、鱼龙混杂，极大损害了温县铁棍山药的品牌形象。

温县工商行政管理局一个负责人表示："市场是开放的，外地的山药商来温县销售，我们不能制止，但如果打着温县铁棍山药的旗号，我们就立即查处，可是这种执法难度太大了。"可以想象，等执法人员到场时，商户可以先收起牌子，没有牌子的话，改口销售外域山药。

而另一个造成市场无序的原因是信息不畅，农民知道怎么种，却不知道怎么销。

有20多年种植经验的大户葛保龙介绍，现在种植户和市场脱钩了，不了解市场。形势好的时候，一窝蜂地种，还相互压价，结果就造成铁棍山药市场价格波动较大。一些种植大户有固定的门路销售，一些小户就承受不了这样的风险。

要解决这些乱象，就要归结到温县铁棍山药作为原产地的保护上来。保护力度不够，就容易被一些人钻空子。

而"铁棍山药"商标早在多年前，就被温县的一家企业注册，导致多次的铁棍山药打假风波最终上升到商标争夺战。一位参加第二届温县铁棍山药文化节的投资商说，这种内耗也耽误了温县铁棍山药产业的发展。

特色产业要发展壮大，就需要保护，更离不开引导。

就拿新郑"好想你"大枣和信阳"固始"鸡来说，他们都是通过规范各项标准，打通产业链上、中、下游，进行品牌推广，主打"文化牌"，最终得到了消费者以及市场的认同。

专家表示，温县铁棍山药产业发展应通过政府、企业、合作社、农民等多方面的共同努力，合力推进市场建设。一方面加强规范化种植，实施标准化；另一方面给予企业更多的扶持，实现龙头企业崛起，对农民多给予技术指导，加强市场信息的沟通。

近年来，温县县委、县政府积极开展铁棍山药新品种试验，加强田间指导和技术培训，加强监测力度和标准化建设，成立农产品质量安全监测中心，确保铁棍山药无公害生产。为解决土地置换难题，当地还建立了土地流转中心，不断提高农业生产的集中化、组织化程度。

同时，温县在围绕品牌推介和保护上下了不少功夫。据了解，当地已经连续两年举办温县铁棍山药文化节，采用统一的温县铁棍山药证明商标、外包装和二维码防伪标识，消费者可通过电话和官方网站进行验证。

温县铁棍山药的品牌仍很脆弱，但成长的步伐并未停下。一位香港商人在温县投资兴建了一个生物科技研发公司，主打山药饮品，产品已在全国几个大城市的沃尔玛超市上市。他表示，产品销路很好，温县铁棍山药品牌意识整体已经崛起，但路还很漫长。不过这位香港商人还是信心满满地说，铁棍山药是经老祖宗验收过的好东西，在未来，前景一定很光明。这样的话，老葛在他的田地里也说过。

发展的路确实不好走，不过我们已经看到光明的未来。2016年11月28日，温县铁棍山药及其制品通过了国家生态原产地产品保护专家组评定。这对温县铁棍山药的发展来说，无疑是插上了一双腾飞的翅膀，市场竞争力不仅大大提升，品牌价值及售价也能得到大幅提高，还有利于拓展国际市场，扩大出口。

千年的历史，不断成长的市场，农户的热情，原产地的保护……我们有理由相信，终有一天，我们不会再怀疑手中的山药是不是"正宗"的温县铁棍山药了。